2時間でざっくりつかむ！

# 中小企業の「システム外注」はじめに読む本

坂東大輔

技術士（情報工学部門）
〔Engineering SAMURAI〕
中小企業診断士
情報処理安全確保支援士

# はじめに

　2018年に日経コンピュータが行った「ITプロジェクト実態調査」によれば、システム開発プロジェクトの成功率はおおむね52%。ここでの"成功"の定義は、「当初に計画されていたQCD（品質、コスト、納期）を充足する」こととされています。システム開発は、2つに1つが失敗する、成功率の低い難題であることを明確に示したデータです。

　そうした高いハードルにもかかわらず、企業経営のIT化の必要性はますます高まっています。業務のシステム化に乗り遅れ、人海戦術に依存せざるを得ない"トロくてドン臭い"企業は、「即日即応」を要求される21世紀の市場経済に追いつけず、いずれ自然淘汰されてしまいます。

　いまやアナログ世界の代表格とも言える神社仏閣ですら、IT武装している時代です。これまでITとは縁遠かったような企業も、経営戦略の一環として「IT投資」に乗り出しています。システム開発は、もはやどの企業も避けては通れぬ「茨の道」になったのです。

　さて、いざシステム開発プロジェクトが走り始めたとき、十分な人数のIT技術者が社内にいる企業であれば、システムを「内製」することが可能です。しかし現実には、特に中小企業では、「ITの素人（しろうと）」ばかりが揃っている職場がほとんどでしょう。

　結果として、ITの素人である「発注者」が、ITの玄人（くろうと）である「ベンダー」に対して、システム開発を外注することになります。

　実際、システムを外注する必要に迫られている企業の数は右肩上がりで増加しており、そういった企業に勤務する従業員の方にとっては、「システム外注」業務は決して他人事ではありません。"IT音痴"の言い訳も、もう免罪符にはなりません。

　本書は、そうした茨の道を歩もうとしている発注者のための、「初心者向けガイダンス」として執筆しました。

　およそ5割の成功率しかない荒波（＝システム開発プロジェクト）に乗り出し、さらには"血に飢えた狼"のごとき老獪（ろうかい）なベンダーたちと対峙

せねばならない発注者は、まさに「迷える子羊」です。

　本書 1 冊で解説できる範囲はもとより限られていますが、そうした「迷える子羊」が少しでも迷わなくてすむよう、システム外注の深遠なる闇に、ひと筋の光明を照らす結果となれば幸いです。

### ◆ 筆者の自己紹介

　そう述べる筆者自身についても、少しだけ自己紹介いたします。

　筆者はこれまで、大手 IT 企業のサラリーマン ⇒ IT ベンチャーの会社役員（取締役 CTO〔最高技術責任者〕）⇒ 個人事業主（フリーランスの IT コンサルタント）というキャリアを経験してきました。本書で言うところのベンダー側に近い立場です。

　一方の発注者側に近い立場としては、「オフショア開発」のプロジェクトを過去に経験したことがあります。当該プロジェクトでの筆者の役割は、日本企業がベトナム企業に対してシステム外注を行う際の「ブリッジ SE」（日本人チームとベトナム人チームとの橋渡し役）でした。

　日本人相手にシステム外注を行うのでさえ至難の業なのに、ましてや、外国人相手にシステム外注を行うのですから、さらなる試練です。

　本書では、筆者が発注者側の一員として、そうした試練の中で四苦八苦してきた経験を内容に反映するとともに、「ベンダーは発注者のことをどう考えているのか？」という"ベンダー視点"も記すよう意識しています。

　システム外注の類書は、おおむね発注者側の視点から記されていることが多いのですが、本書は IT エンジニアひと筋で生きてきた筆者だからこそ書ける「ベンダーの本音」にも焦点を当てています。

　発注者がベンダーへの不平不満を山ほど抱えているのと同様に、ベンダーだって発注者への不平不満を山ほど抱えているのです。

　本書における筆者のスタンスは、ベンダーの代弁者であると同時に、発注者の「反面教師」です。

　過去に筆者が犯してきた愚かな過ちを繰り返さぬように、システム外注でミスしやすいポイントを可能な限り盛り込みました。本書は、筆者の失敗談がベースとなっている部分も大きい、というわけです。

◆ **本書が想定する読者層**

　本書は「システム開発を外注する必要に迫られたけれど、ITの素人なので何を勉強したらよいかサッパリわからない。手始めに、システム外注に関する基礎知識を"広く浅く"カバーしているような初心者向けの入門書を読みたい」という方々を主な読者層として想定しています。

　システム外注に関しては、この"広く浅く"という入門書を見つけるのが困難です。そこで、まずは本書を軽く流し読みしていただき、それでも物足りなさを感じた場合には、本書のキーワードをもとにしてAmazon.com等を検索して、さらに深掘りした専門書を別途ご購入いただくのがよいかと思います。特に「RFP（提案依頼書）」「契約」「情報セキュリティ」等に関しては、"狭く深く"の専門書が多数あります。

　そうは言っても、筆者もIT専門家の端くれです。本書には、システム外注の"勘どころ"を凝縮してギッシリと詰め込みました。ページあたりの情報密度においては、他書の追随を許さないだろうと自負しています。

　また、筆者の想定では、発注者だけでなくベンダー側のみなさんも、実は本書の潜在的な読者になるのではないかと思っています。「本書のせいで発注者が"小賢しく"なってしまうと不利益を被る」と考えるベンダーの方もいるかもしれませんが、「発注者はベンダーに積極的に協力すべし」というのが本書のポリシーです。本書の内容を実践する発注者が増えれば、ベンダーも仕事をしやすくなるのは間違いありません。

　内容を確認していただいたうえで、発注者側の担当者にそっと本書を手渡していただければ、面白い化学反応が期待できるかもしれません。

◆ **本書の構成**

　本書では、紙幅が許す限りシステム外注に関する幅広いトピックを記載しています。

　基本的には頭から順に読み進めていくことで、システム外注を行う際に必要な基礎知識が自然と身につき、読了後には読者がシステム外注プロジェクトを自力で推進できるようになることを目指しています。本書の構成は右の図表1のようになっていますので、参考にしてください。

## 図表1　本書の構成

◆ 用語の定義

　本書で最頻出の用語についても、ここで定義を図表2に示しておきます。
　初心者の方には耳慣れない用語もあるかと思いますが、本文中でこれらの用語が出てくる場合には、この図表2のニュアンスで用いています。

**図表2　頻出用語の定義**

| 用語 | 本書における意味 |
| --- | --- |
| 発注者 | システム外注の発注元となる存在です。本書が主に想定する読者です。 |
| ベンダー | システム外注を請け負うIT専門業者です。「ITベンダー」と呼ばれることもありますが、本書では「ベンダー」と呼びます。 |
| 経営層 | システム開発予算の決裁権限を有する発注者側の責任者です。代表取締役を含む会社役員クラスとなります。 |
| 現場社員 | 発注者の社内の現場において、システムを実際に運用する立場の一般社員を指します。いわゆる「ユーザー」です。 |
| リーダー | システム外注プロジェクトを実際に推進する発注者側の責任者です。「経営層」や「現場社員」をシステム開発に巻き込む使命があります。 |
| PM | 「Project Manager(プロジェクト管理者)」の略称です。本書では、ベンダー側でプロジェクトを指揮する責任者を指します。 |
| UX<br>(User Experience) | システムの「使い勝手」や「満足度」を指す概念です。数値では表しづらい主観的な品質のことです。 |

◆ 謝辞

　有限会社イー・プランニングの須賀柾晶さまには、本書出版のチャンスをいただきました。また出版元となる株式会社すばる舎のみなさまには、筆者の数々の無茶なお願いや相談にも快く応じていただきました。誠にありがとうございました。そしてもちろん、多数の類書の中から本書を選んで手にとっていただいた読者のみなさまにも、心より御礼申し上げます。
　なお、本書の内容に関して、もし不明点やリクエスト等がありましたら、お気軽に筆者までご連絡ください。可能な限り、対応させてもらうつもりです（連絡先は巻末の「筆者略歴」の項に記してあります）。

2018年10月　　坂東 大輔

# Contents 目次

はじめに ........................... 2

## Chapter 1 システム外注の基本的な考え方を知る

1 彼を知り、己を知れば、百戦危うからず ........................... 12
2 システム化したい「AS-IS」を形式知にする ........................... 14
3 業務フロー図にまとめることで見える化する ........................... 16
4 現状の分析をもとに改善後の「TO-BE」を決める ........................... 18
5 TO-BEを「RFP（提案依頼書）」にまとめる ........................... 20
6 ギャップを埋められればシステム開発は成功する ........................... 22
7 システム外注の全体的な流れを押さえておく ........................... 24
Column (コラム) 社内の暗黙知を4つのプロセスで管理・継承する方法とは？ ........................... 26

## Chapter 2 最低限の共通言語を身につける

8 ITの基礎知識を学んで解釈ミスの発生を防ぐ ........................... 28
9 「機能要件」と「非機能要件」の違いを知る ........................... 30
10 "ユーザー体験"を示す「UX（User Experience）」 ........................... 32
11 主な「システム開発プロセス」を知っておく ........................... 34
12 業務フロー図を描く際は「UML」に従う ........................... 36
13 「パッケージソフトウェア」で用が済んでしまう場合もある ........................... 38
14 「クラウド」の概念はもはや欠かせないもの ........................... 40
15 「DevOps」で開発者と運用者が協調できる体制をつくる ........................... 42
16 今後は「オフショア開発」案件も多くなるはず ........................... 44
17 続々と生まれる新しい専門用語への対処法は？ ........................... 46
Column (コラム) ITが多くの人にとって「とっつきにくい」と感じられる理由とは？ ........................... 48

## Chapter 3 外注先のベンダーはこうして選ぶ

| 18 | ベンダー選定は「お見合い」と同じくらいの心構えで | 50 |
| 19 | 直感的な第一印象は「当たらずとも遠からず」 | 52 |
| 20 | ベンダーにもそれぞれ強みや専門分野がある | 54 |
| 21 | 面談でベンダーの本性を引き出す質問をしよう | 56 |
| 22 | ヤバいベンダーのPMからは"疲労感"が漏れ伝わる | 58 |
| 23 | 美辞麗句よりも「良薬は口に苦し」を選ぶ | 60 |
| 24 | 自社なりの「ベンダー評価基準」を設けておこう | 62 |
| 25 | 総合的に判断し、最終的なベンダー選定を行う | 64 |
| Column (コラム) | 自由すぎるとかえって選べない。適度に選択肢を絞ってから選ぼう | 66 |

## Chapter 4 発注者とベンダーのすれ違いを防ぐ

| 26 | まずは発注者側が襟を正し、より正確な伝達に努めよう | 68 |
| 27 | ベンダーに忖度させるのは事故のもと | 70 |
| 28 | 「上から目線」は命取りになりかねない | 72 |
| 29 | 文系と理系の壁を越えてコミュニケーションする | 74 |
| 30 | 「後出しジャンケン」はルール違反だと心得る | 76 |
| 31 | ベンダーは技術の専門家だが、発注者の業務には詳しくない | 78 |
| 32 | 「嵐の前の静けさ」を警戒する | 80 |
| 33 | 発注者が本音を開示してこそ、ベンダーも本音を話す | 82 |
| 34 | ベンダーの本音を引き出す雰囲気づくりも大切 | 84 |
| 35 | 丸投げするとプロジェクトの主導権を奪われる | 86 |
| 36 | 自分の仕事を放棄しているとベンダーに囲い込まれる | 88 |
| 37 | ベンダーは発注者の映し鏡だと思って接すること | 90 |
| 38 | 役割分担を明確にしてグレーゾーンを減らす | 92 |
| Column (コラム) | ベンダーと揉めそうになったときに読みたい1冊 | 94 |

## Chapter 5 発注者が主体的に行うべき仕事を押さえる

| 39 | 発注者が"やるべきこと"は法律や判例で決まっている | 96 |

| 40 | 「新システム企画書」で自社内での合意を固める | 98 |
| 41 | 自社のAS-ISを「業務フロー図」にまとめる | 100 |
| 42 | "システム化する範囲"を決定する | 102 |
| 43 | ベンダーの情報を求める「RFI」を作成する | 104 |
| 44 | 全精力をかけて「RFP」を作成しよう | 106 |
| 45 | ベンダーとすり合わせて「要件定義書」を作成する | 112 |
| 46 | お目つけ役としてPMの「進捗管理」を監督する | 114 |
| 47 | 「課題管理」を行って常にボトルネックを潰していく | 116 |
| 48 | 中間成果物を確認する「レビュー」を行う | 118 |
| 49 | 現場の社員を巻き込み「UXテスト」を実施する | 120 |
| 50 | システムが完成したら「受入テスト」を実施する | 122 |
| 51 | 「運用マニュアル」を作成し「社内説明会」を実施する | 124 |

Column (コラム) システム外注 v.s. システム内製　どちらがいいのか?  126

## Chapter 6　ベンダーと結ぶ契約で注意すべき法律上のポイント

| 52 | 契約書がないと、紛争時にも証拠を出せない | 128 |
| 53 | 契約に関する民法の基礎知識を身につける | 130 |
| 54 | 2大契約形態の「請負」と「準委任」の違いを知る | 132 |
| 55 | 請負契約では、ベンダーも発注者も大きな責任を負う | 134 |
| 56 | 成果物を前提としない仕事では、準委任契約が原則 | 136 |
| 57 | 表裏一体の「協力義務」と「プロジェクト管理義務」 | 138 |
| 58 | 「一括請負契約」は避け、できるだけ「多段階契約」にする | 140 |
| 59 | 「債務不履行責任」と「瑕疵担保責任」を理解しておく | 142 |
| 60 | 「知的財産権」についての知識は欠かせない | 144 |
| 61 | 自社の規模によっては下請法も意識する | 146 |
| 62 | 秘密保持と再委託に関する規定も必ず入れる | 148 |
| 63 | リスクを洗い出し、契約書でそれらをコントロールする | 150 |
| 64 | 紛争は極力ADRで解決。普段から記録を残すこと | 152 |

Column (コラム) 近々に施行予定の新民法のポイントを押さえる  154

## Chapter 7 プロジェクトに全社員を巻き込み味方にするコツ

| 65 | 最適なプロジェクトリーダーを選び、多様性を管理する | 156 |
| 66 | 開発方針の決定はトップダウンで行うのが鉄則 | 158 |
| 67 | 現場社員からの反発は粘り強い説明で鎮める | 160 |
| 68 | なぜ現場社員が協力してくれないのか理由を知る | 162 |
| 69 | 実際の開発段階では「ユーザー参加型」を意識する | 164 |
| 70 | 現場社員を"ツッコミ役"にして当事者意識を養う | 166 |
| 71 | リーダーは孤独ではなく孤高を目指すこと | 168 |
| Column (コラム) | 最適なリーダーシップの型は状況に合わせて変わっていく | 170 |

## Chapter 8 情報漏洩を阻止するセキュリティ対策

| 72 | 「リスクマネジメント」と「危機管理」の違いを知る | 172 |
| 73 | 情報セキュリティ対策の3大ポイントを押さえる | 174 |
| 74 | "情報資本主義社会"では情報はお金と同じ | 176 |
| 75 | 情報漏洩のよくあるパターンは「自爆」と「内部犯行」 | 178 |
| 76 | 議論やかけ声だけでは情報漏洩は防げない | 180 |
| 77 | 「情報セキュリティ対策システム」の導入を検討する | 182 |
| 78 | 古くなった機密情報を断捨離してリスクを減らす | 184 |
| 79 | 情報漏洩防止の秘訣は「見ざる言わざる聞かざる」 | 186 |
| 80 | 情報セキュリティ対策の「十戒」を振り返る | 188 |
| Column (コラム) | セキュリティの桶は「人の穴」から情報が漏れる | 190 |

**Engineering SAMURAIの事例紹介**
**システム外注では、こんなトラブルに注意しよう！** 191

No. 1〜7

Chapter **1**

# システム外注の
# 基本的な考え方を知る

システム外注を行う際の基本的な考え方を最初に理解しておきましょう。スタート段階から方向性が大きくずれてしまうと、最終的な目標地点にたどり着けなくなってしまいます。

# 彼を知り、己を知れば、百戦危うからず

**システム外注成功の秘訣は「孫子の兵法」にあり!?**

## まずは「己」をよく知るべき

システム外注のプロセス全体を成功させるには、**「自社のことをよく理解する」ことがまず必要**です。

システム開発の外注プロジェクトが失敗したとき、発注者は自己弁護もあってその原因をベンダーのせいにしがちです。確かにベンダーの実力はピンキリであり、なかには粗悪な業者もいます。しかし、発注者自身が、自社業務の現状について理解や整理が不十分な状態のまま、システム開発をベンダーに依頼した結果、失敗してしまった……というケースのほうが実は多いのではないでしょうか？

発注者が真っ先に心がけるべきは、ベンダーに正確なインプットを与えること。つまり、事前に「己を正確に把握する」ことが必須なのです。

## 次に「彼」をよく知るべき

孫子の有名な教えに従えば、己（自社業務の現状）を把握できたら、次に「彼」、つまり己以外の外部要因を把握することが勝利の秘訣となります。

システム外注においては、この「彼」に相当するものとして、**ベンダー**や**国家（各種法令、基準）**、**社会環境（ITの最新トレンド）**などが考えられます。なかでも、**発注者はまずはベンダーをよく理解すべき**でしょう。

発注者とベンダーでは立場や利害、世界観が大きく異なります。またIT素人の発注者はベンダーほどには専門知識を有していません。そこには情報の非対称性が存在するため、費用・工数・納期などの見積りや技術的議論に関し、発注者がベンダーの言いなりになりやすい状況があります。

ITの知識で同じレベルを目指すのは困難ですが、ベンダーの考え方や事情をよく理解することで、トラブルの発生を防ぐことができるでしょう。

# Chapter 1

システム外注の基本的な考え方を知る

## 孫子の教えはIT分野でも使える！

「彼を知り、己を知れば、百戦危うからず」

**孫子**

戦に勝つためには、まずは「己」をよく知ることが重要です。他人にモレなく、ハッキリと説明できる程度に「己」の棚卸しをして、頭を整理すべきです

 **己**
- 自社の現状（AS-IS）
- 自社の理想像（TO-BE）

**情報の非対称性**
「己」と「彼」の間には"大きな壁"があります。

 **彼**
- ベンダー
- 政府
- 社会環境 ……など

---

 Engineering SAMURAI のアドバイス

**システム開発を成功させるには、内と外の両方の事情を知る必要があります。**

13

# システム化したい「AS-IS」を形式知にする

## 現状を把握・分析できていないと失敗確実

### 🔍 何をシステム化したいのか定義すべし

「己を知る」ことについて、もう少し詳しく見ていきます。

システム外注をするということは、既存の自社業務の一部をIT化するということです。となると、当然ながらシステム化を外注する前に、現在の該当業務がどんなものなのか、モレなく正確に把握できていることが前提となります（この「〔システム化対象の〕自社業務の現状」のことを、IT業界では「ありのままの現状」という意味で「AS-IS」と呼ぶことが多いです。そのため、本書でも以下、同じ意味で用いていきます）。

ところが、担当者が多くいて部署もまたがっていたりするので、実はこのAS-ISを完全に把握し、理解している人というのはまずいません。もっと言うと、"AS-ISのどの部分が把握できていないのかすらわからない"という場合がほとんどです。しかし自社の業務を正確に把握し、ベンダーに伝達できなければシステム外注は成功しませんから、**このAS-ISを各担当者からヒアリングし、分析・把握する作業**が必要になります。

### 🔍 この機会に自社内の暗黙知を共有できるようにしよう

この作業のときには、「**暗黙知**」と「**形式知**」の考え方を知っておくと、より効率的に実施できるでしょう。

ほとんどの企業、特に中小企業においては、AS-ISは暗黙知として個々の社員の頭の中だけに保存されており、そのままの状態では他人に共有できません。大事なのは、暗黙知状態のAS-ISを、ほかの誰でもわかる形式知に変換すること。形式知の「形式（フォーマット）」にはさまざまなものが考えられますが、**システム外注のプロジェクトにおいては、「業務フロー図」という視覚的な図を描くのが一般的**です。

Chapter 1 システム外注の基本的な考え方を知る

# 暗黙知のままでは利用できない

現場の
経験と勘
【暗黙知】

在庫を確認する指示が管理部から製造部に降りてきて、その後に、製造部が在庫数を点検して、出荷処理をして……

分析
把握
変換

業務
フロー図
【形式知】

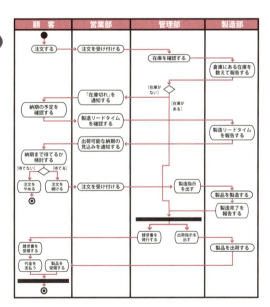

Engineering SAMURAI のアドバイス

この作業は技術継承のためにも必須です。
ノウハウを次世代に残すよう努めましょう。

15

# 業務フロー図にまとめることで見える化する

**口頭説明だけで伝達できると思うのは危険！**

## 🔍 仕事の流れを図表化できる

　そもそも「業務フロー」とは、**仕事を進めていく一連の流れ**のこと。その仕事の流れを図で表現したのが「業務フロー図」です。

　業務フロー図の描き方は本来自由ですが、IT業界では、第2章で紹介する **UML** という標準的な表記法（いわゆる「**フローチャート**」）に従うことが多いです。業務の開始点から終了点までの一つひとつの仕事の流れを、時系列で上から下へと順に描き出していくイメージです。

## 🔍 AS-ISの業務フロー図を描くのは"発注者の責務"

　この業務フロー図を描いてAS-ISを定義する作業には、手間がかかります。そのためこの作業を省いて、口頭の説明だけで自社のAS-ISを正確に伝えた気になる発注者が少なくありません。しかし以下のように、そのひと手間を省いたために起こりかねない問題は、小さなものではありません。

1. 説明や理解の不足のために、ベンダーがAS-ISを誤解してしまう。
2. ベンダーがAS-ISを誤解したままシステム開発が進み、結果的に発注者にとって"誤った"システムができ上がってしまう。
3. "誤った"システムをめぐって、発注者とベンダーが紛争となる。しかし、確固たる証拠（記録）がないため、言った言わないの水掛け論に陥る。
4. システム更改の際にも、何も書類が残っていないため当初のAS-ISが正確にわからない。知っていた社員が退職していてもういない。
5. 新参者が来るたびに、AS-ISをイチから説明し直す手間がかかる（説明ミスのリスクも生じる）。

　AS-ISを業務フロー図に落とし込むことは、こうしたトラブルを避けるためにも必要です。それはもはや、「**発注者の責務**」と言えるでしょう。

# Chapter 1

システム外注の基本的な考え方を知る

## 口頭の説明だけでは伝わらない

● 発注者はゾウ（自社の現状〔AS-IS〕のたとえ）を大雑把に知っているが、ベンダーはまったく知らない場合

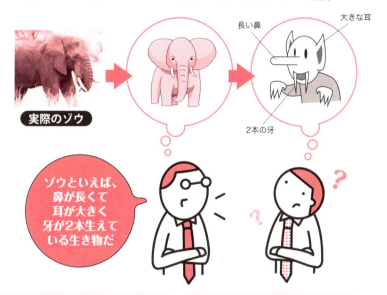

実際のゾウ

長い鼻　大きな耳　2本の牙

ゾウといえば、鼻が長くて耳が大きく牙が2本生えている生き物だ

発注者がドキュメント（書類）をつくらず、口先だけで説明していると、両者の思い描く「ゾウ」のイメージが食い違ってしまいます。

ベンダーの思い描いているイメージは一見、的外れですが、実は発注者の説明したポイントは押さえています。

成果物が、発注者の期待値と大きく異なってしまう要因に……

Engineering SAMURAI のアドバイス

### 発注者は、ベンダーの「想像力」に依存してはなりません。

# 現状の分析をもとに改善後の「TO-BE」を決める

## 現状のままシステム化するのでは意味がない

### 🔍 やりたいことを決められるのは発注者側だけ

　AS-IS の見える化が完了したら、現在の自社業務の詳細がわかります。そうしたら、その結果を踏まえて**「自社システムのあるべき理想像」**を決定しましょう。せっかくシステム化するのですから、既存の業務をそのまま IT 化せず、より効率的な業務フローを描いて生産性を上げるのです。

　この「あるべき理想像」、あるいはその要件のことを、IT 業界では一般に「**TO-BE**」(トゥー・ビー)と呼びます。

　TO-BE の決定には、往々にして多大な困難を伴います。

1. AS-IS は「すでに目の前にある具体的な現実」だが、TO-BE は「現時点では具現化していない抽象的なイメージ」であるため。
2. システム外注の際には、自社内の関係者（ステークホルダー）間で合意を形成していく必要があるが、関係者間の立場や利害、視点の相違によって、関係者間で TO-BE に合意することが困難であるため。

　このように、TO-BE 決定は簡単な作業ではありません。しかし、**「意思決定」は発注者にしかできない仕事**ですから、省くことはできません。

### 🔍 実現不可能なTO-BEにしない

　TO-BE 決定の際には、決定した内容が「絵に描いた餅」になってしまわないようにも注意しましょう。TO-BE は「実現不可能な絵空事」で終わってしまうことがよくあるからです。その理由は、主に次の２つです。

1. 発注者のリソース（人員、時間、資金など）や、ベンダーの技術力といった**前提条件を無視している**ため。
2. 関係者間の調整ができていないために、**中途半端な TO-BE 決定が行われ、それが原因で仕様変更リクエストが多発する**ため。

Chapter 1
システム外注の基本的な考え方を知る

##  AS-ISに肉づけしていくとよい

自社システムのあるべき理想像「TO-BE」には、ありのままの現状「AS-IS」が前提条件として存在します。種々の前提条件を無視していると、TO-BEは「絵に描いた餅」と化してしまいます。

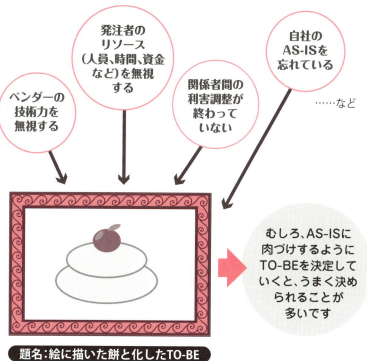

- ベンダーの技術力を無視する
- 発注者のリソース（人員、時間、資金など）を無視する
- 関係者間の利害調整が終わっていない
- 自社のAS-ISを忘れている

……など

むしろ、AS-ISに肉づけするようにTO-BEを決定していくと、うまく決められることが多いです

題名：絵に描いた餅と化したTO-BE

Engineering SAMURAI のアドバイス

**TO-BEを決定する際には、「理想と現実の落としどころ」を模索しましょう。**

## 5 TO-BEを「RFP（提案依頼書）」にまとめる

### 要件の「見える化」も必要です

#### 🔍 注文内容を伝える書類

　TO-BE決定では、成果物として「**RFP（提案依頼書）**」を作成します。RFPとはRequest For Proposalの略称で、各ベンダーに「提案」を出してくれるよう依頼するために、発注者が求めている要件を示す書類です（ここで言う「提案」とは、発注者が決定したTO-BEを充足できる解決策〔＝システム〕を、各ベンダーが示したものと理解してください）。

　一般に、**システム外注にあたっては複数のベンダー間で競争入札（相見積り）を行います**。その際、発注者はRFPを開示し、各ベンダーはそのRFPの内容を精査することによって、発注者のTO-BEを理解します。

　そして、ベンダーはそのTO-BEを実現するための提案を、必要な費用の見積りを含めて発注者に示すのです。発注者は、各ベンダーが示してきた提案の内容や費用見積りを比較して、最終的にシステム開発の外注先を選定する、というのが一般的な流れです。

#### 🔍 書類で明示することが大切！

　発注者は、ベンダーのためにRFPをイチイチ作成するのは面倒だと考えがちです。しかし、**RFPの作成は、発注者自身のためにも役立ちます**。RFPの作成により、以下のような多様なメリットを得られるからです。

1. 自社のTO-BEを複数のベンダーに対して説明する際の労力を大幅に低減できる。さらに、TO-BEの伝達ミスを抑制できる。
2. 発注者側の内部で、TO-BEの最終合意を形成するのにも役立つ。
3. 各ベンダーの実力を公平に評価するための基準となる。
4. システム開発における設計フェーズの品質向上に役立つ。
5. ベンダーと揉めた際には、発注者側の言い分の証拠となる。　　など

# Chapter 1
システム外注の基本的な考え方を知る

##  RFPを作成する多様なメリット

### ① 伝言ゲームを防ぐ

伝言ゲームには「伝達ミス」のリスクがあり、伝達のコスト（労力）もかかります。

### ② TO-BEに関する発注者側の最終合意を助ける

RFPの内容を意思決定者全員に確実に「承認」してもらう作業、いわゆる「ハンコリレー」に使うことができます。

### ③ 複数のベンダーを公平に評価するための基準となる

RFPを事前に開示しない場合、ベンダーが発注者に対して疑念を抱くかもしれません。（競争入札に見せかけておいて、裏ではどのベンダーに外注するか、すでに内定しているのかも……）

### ④ ベンダーの上流設計のための適切なインプットになる

ベンダー側のエンジニアの設計作業をサポートできます。

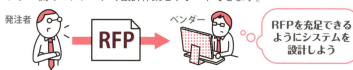

### ⑤ 万一の紛争時には法的な証拠となる

ベンダーとの紛争時には、民事裁判の証拠として利用できます。

---

Engineering SAMURAI のアドバイス

**RFPはベンダーのためだけでなく、発注者のためにも役立ちます。**

# ギャップを埋められれば システム開発は成功する

### 最終目的は「理想と現実」の間の差異をなくすこと

## 解決策＝【TO-BE】−【AS-IS】

　システム開発の外注プロジェクトでは、最低限、自社の現在業務であるAS-ISを充足することが必要です。この第1目標が達成できないと、新しいシステムの稼働さえできません。

　しかし、前述したようにそれだけでは業務の効率化やさらなる価値の創出はできないので、第2目標としてTO-BEの達成を目指します。

　このとき、TO-BEとAS-ISの差を「**ギャップ**」と言い、システムの開発・外注という解決策によってTO BEを達成するわけです。このような考え方のことを「**ギャップ分析**」と呼ぶこともあります。

　まとめると、自社の課題をシステム開発で解決するには、3つの要素をクリアする必要があります。最初の要素は**① AS-ISの分析**で、その後に**② TO-BEの決定**を行います。そのうえで、**③ AS-ISとTO-BE間のギャップを解消できる解決策の検討と実施**を行えば、高い確率で成功できるのです。ちなみに、難易度は①→②→③の順により困難になっていきます。

## 課題解決できるベンダーを選ぶのに必要なもの

　そして、**上記③のステップを確実にクリアするためのツールが、前項で解説したRFP**だと認識してください。

　開示されたRFPに対して、自社の技術力やリソースでは対応できないと判断したベンダーは応札しませんし、割に合わないと判断したベンダーも応札しません。RFPを開示することで、発注者のTO-BEを無理なく充足しうるベンダーのみが、脱落せずに応札するだろうと期待できるのです。

　RFPは、発注者とベンダーの双方がWin-Win（ウィンウィン）な状態になれる、最適な外注先を選ぶためにも必須のものだと言えます。

# Chapter 1

システム外注の基本的な考え方を知る

## システム外注時のギャップ

発注者が開発するシステムは、発注者の課題を解決することが目的となります。そのためには、発注者の課題を明確にする必要があります。

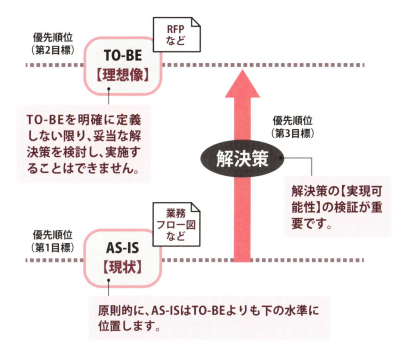

優先順位（第2目標）
TO-BE【理想像】
RFPなど

TO-BEを明確に定義しない限り、妥当な解決策を検討し、実施することはできません。

優先順位（第3目標）
解決策

解決策の【実現可能性】の検証が重要です。

優先順位（第1目標）
AS-IS【現状】
業務フロー図など

原則的に、AS-ISはTO-BEよりも下の水準に位置します。

解決策 ＝ 【TO-BE】－【AS-IS】

Engineering SAMURAI のアドバイス

①AS-IS→ ②TO-BE→ ③解決策の3点セットは、あらゆる課題解決に応用できます。

# システム外注の全体的な流れを押さえておく

上流から下流までのおおよその業務を把握しよう

## 発注者側担当者の仕事はずっと続く

　本章の最後に、システム外注の全体的な流れを把握しておきましょう。システム外注は、大きく以下の4つのフェーズ（局面）に分類できます。

「起」＝新システムの企画を提案し、経営者からの承認をもらう。
「承」＝外注先となるベンダーを選定する。
「転」＝ベンダーがシステム開発を進める。
「結」＝ベンダーから納入されたシステムを検収する。

　まさに、物語で言うところの「起承転結」に対応しています。
　このうち、発注者がベンダーを選定した「承」のフェーズのあとは、ベンダーが実際に開発を行う「転」のフェーズとなります。物語の「転」換点です。ただし、**この「転」の間も、発注者側の仕事がなくなるわけではありません**。あくまで「二人三脚のステージ」だと捉えてください。
　また、**「結」のあとにも話は続きます**。システムの運用保守は必須ですから、新システムの寿命が尽きるまでのライフプラン検討も必要です。

## 自分では業務を推進できないことを忘れない

　4つのうち「転」の局面では、ITの専門知識を有するベンダーが主体となってプロジェクトを推進します。その際には、契約（「請負」または「準委任」）に関する法の規定上、発注者がベンダーの人員に対して直接的な作業指示を行うことは禁止されています（発注者がベンダーのPMにリクエストを出すことは可能です）。
　**システム外注の困難さとは、発注者が自分で作業を進められず、ベンダーに依存せざるを得ないところから生じる**のです。この点は、重要な要素としてよくよく意識するようにしておいてください。

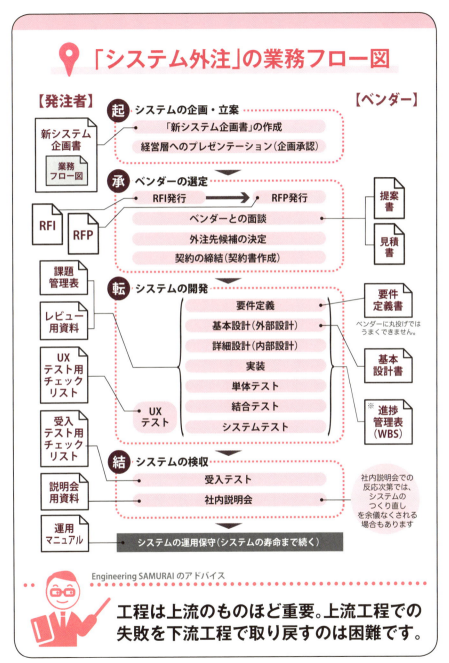

**COLUMN** コラム

## 社内の暗黙知を4つのプロセスで管理・継承する方法とは？

　14ページで触れた「暗黙知」と「形式知」に関連して、「知識管理」という経営学の手法を知っておくと、社内での知識やノウハウの伝承に役立ちます。経営学の研究では米国勢が学会を席巻しているのですが、そんな中では珍しく、日本人の野中郁次郎氏らが提唱した手法です。

　その「知識管理」によれば、組織内の知識は、下記の4つのプロセスを経て進化するとされます。

1. **共同化** …「暗黙知」⇒「暗黙知」
   共体験などによって暗黙知を獲得・伝達する
2. **表出化** …「暗黙知」⇒「形式知」
   得られた暗黙知を形式知に変換する
3. **連結化** …「形式知」⇒「形式知」
   形式知同士を組み合わせて新たな形式知を創造する
4. **内面化** …「形式知」⇒「暗黙知」
   形式知をもとに個人が実践を行い、知識を体得する

　本章で解説したAS-ISやTO-BEの見える化は、このうちの「2. 表出化」のプロセスを実践するものだと言えるでしょう。

図出典：野中郁次郎＋竹内弘高『知識創造企業』（東洋経済新報社）1996

No. 8〜17

Chapter 2

# 最低限の共通言語を身につける

素人だからといってITについてまったく勉強せず、ベンダーに依存するのは危険です。ベンダーと対等に交渉するため、最低限の基礎知識くらいは学んでおきましょう。

# ITの基礎知識を学んで解釈ミスの発生を防ぐ

**無知を開き直っていては成功できない**

## 🔍 発注者の無知はベンダーの好ましくない反応を引き出す

「システム外注」というITを扱う仕事を任せられているのに、ITの基礎知識をほとんど勉強しない発注者が多く見受けられます。しかし、そんな発注者の態度を見たベンダーは、往々にして次のように反応します。

1. 発注者の「無知」につけ込んで、ベンダーにとって都合がよくなるよう立ち回ろうとする（不都合な情報は教えない、など）。
2. 発注者のやる気のなさに失望し、**開発へのモチベーションを下げる**。
3. システムに関する技術的な説明を、発注者が本当に理解しているのか疑念を抱く。
4. 自分で調べればすぐわかるような超初歩的なことまでイチイチ聞いてくる「受け身」な態度に業を煮やし、**発注者への不信感を募らせる**。

ベンダー側のこうした反応を引き出すのは、百害あって一利なしです。

## 🔍 円滑なコミュニケーションは成功のカギ

また、二人三脚で仕事を進めていくからには、当事者間で共通の「言葉」を持つべきでしょう。「システム外注」というITを扱う仕事においては、当然のことながら"ITの言葉"を用いる必要があるのです。

実際、開発中のシステムについて、発注者とベンダーとの間でなされる会話では、その質が発注者側のIT知識の多寡に大きく影響を受けるものです。**人は、自分が知っている以上のことは言語化できない**からです。

発注者の説明がたとえ拙いものであったとしても、ベンダーはその行間を必死で脳内補完します。しかしあまりにひどい説明の場合には補完しきれず解釈ミスをするでしょう。これではプロジェクトが失敗しかねません。

高度な知識までは不要ですが、発注者もある程度は勉強すべきなのです。

# Chapter 2 最低限の共通言語を身につける

## 「無知は罪なり」

「無知は罪なり、知は空虚なり、英知持つもの英雄なり」

ソクラテス

「無知」は、端的に言うと「勉強不足」のことじゃ。自分が勉強しておくべきことを勉強しなかった"怠慢"こそが罪なのじゃ。
「知」は知っているだけだが、実践してはいない状態じゃ。
「英知」は、知識を実践している状態じゃ。
当然、発注者は「英知」を持つことを目指すべきなのじゃ

ITについては何も知らないけど、システムのアレがこうしてそうなって、シュッとしたドキュメントがビシッと素早く仕上がるような感じで開発してよ！

この発注者、本当に大丈夫なのかな？

何をしたいのか要件の説明がよくわからない…

発注者　　ベンダー

Engineering SAMURAI のアドバイス

この第2章や本書全体の内容を理解すれば、ベンダーとも十分円滑に話し合えます！

# 「機能要件」と「非機能要件」の違いを知る

要件＝明確な機能要件＋曖昧な非機能要件

## 🔍 非機能要件は曖昧になりがち

　システム開発を外注する際には、発注者の要求事項、すなわち「要件」を満たすことが必要です。このとき、その要件の中には、当該システムが正常に機能するために必須の「機能要件」と、それ以外のすべての要件である「非機能要件」の２つが混雑していることをまず認識しましょう。

　機能要件は、たとえば「自動車」の場合の「道路を走行する」機能のように、それがなくてはシステム自体が成り立たない要件のことです（右図参照）。

　発注者も具体的にイメージできている場合が多く、ベンダーに対して明確に説明を行います。結果、発注者とベンダーの間で、理解が食い違うようなことはあまりありません。しかしもう一方の非機能要件については、発注者自身も具体的にイメージができていない、あるいはイメージはできていてもうまく言語化できていないことが多く、発注者にとっての「暗黙だけれども自明の前提」となっていることが少なくありません。

## 🔍 求める非機能要件を明確に提示しよう

　開発時に達成すべき非機能要件について、そのようにベンダーと明確な認識を共有できていない状態だと、「成果物」、つまりは開発が完了したシステムができ上がってきた段階で、揉めてしまうことが多くなります。

　開発が完了した時点で、発注者側は"自明"だと思っていた非機能要件が満たされていないことに気づき、ベンダーに対してクレームを入れます。それに対してベンダーは、「そんな要件はひと言も聞いていない」と応酬して紛争が発生する、というのがよくあるパターンです。

　こうしたトラブルを避けるためには、発注者は機能要件だけでなく非機能要件についても、ベンダーに対して明確に説明する必要があるのです。

# Chapter 2 最低限の共通言語を身につける

##  2つの要件の違いとガイドライン

### ●「機能要件」の例

 炊飯器→お米を炊く　 自動車→道路を走行する　 電話→相手と通話する

### ●「非機能要件」の例

※既存のガイドラインを参考にするとよい。

**非機能要求グレード（IPA：情報処理推進機構）**

© 2010-2018 独立行政法人情報処理推進機構
※大項目と中項目のみを図示

**非機能要求項目**

- 可用性
  - 可用性
  - 耐障害性（障害許容性）
  - 災害対策
  - 回復性
  - 成熟性
- 性能・拡張性
  - 業務処理量
  - 性能目標値
  - リソース拡張性
  - 性能品質保証
- 運用・保守性
  - 通常運用
  - 保守運用
  - 障害時運用
  - 運用環境
  - 運用保守体制
  - 運用管理方針
- 移行性
  - 移行時期
  - 移行方式
  - 移行対象（機器）
  - 移行対象（データ）
  - 移行計画
- セキュリティ
  - 前提条件・請託条件
  - セキュリティリスク対応
  - セキュリティ診断
  - セキュリティリスク管理
  - アクセス・利用制限
  - データの秘匿
  - 不正追跡・監視
  - ネットワーク対策
  - マルウェア対策
  - Web対策
- 環境・エコロジー
  - システム制約・前提条件
  - システム特性
  - 適合規格
  - 機材設置環境条件
  - 環境マネジメント

**ソフトウェアの品質特性（ISO09126）**

**外部および内部品質**

| 品質特性 | 機能性 | 信頼性 | 使用性 | 効率性 | 保守性 | 移植性 |
|---|---|---|---|---|---|---|
| 品質副特性 | 合目的性／正確性／相互運用性／セキュリティ／機密性／標準的合成 | 成熟性／障害許容性／回復性／信頼性／標準的合成 | 理解性／習得性／運用性／魅力性／使用性／標準的合成 | 時間効率性／資源効率性／効率性／標準的合成 | 解析性／変更性／安定性／試験性／保守性／標準的合成 | 環境適応性／設置性／共存性／置換性／移植性／標準的合成 |

Engineering SAMURAI のアドバイス

ガイドラインに沿って決めていけば、多くの非機能要件は容易に定義できます。

# "ユーザー体験"を示す「UX(User Experience)」

## UXが悪いシステムは使い勝手も悪い

### 🔍 ポジティブなUXもあれば、ネガティブなUXもある

近年、ものづくり界では、「UX（User Experience）」というキーワードが急浮上しています。このUXとは、字義どおりに解釈すれば「ユーザーが成果物から得られる体験」のこと。ここで言う「体験」は、ポジティブな反応だけに限らずネガティブな反応も含みます。営業マンにはお馴染みの「CS（Customer Satisfaction：顧客満足度）」に近い概念であり、ユーザーがシステムに対して抱く「感情」や「右脳的な感覚」を指します。要するに、**そのシステム全体をとおして得る「ユーザー体験」のこと**です。

### 🔍 忘れずに合意しておかないと、大失敗の原因になりやすい

この**UX**も、前項で解説した「**非機能要件**」のひとつです。

一般的に、システム外注の際には発注者もベンダーもUXについて意識しないことがほとんどなのですが、実は発注者とベンダーが揉めて、訴訟沙汰にまで至る場合の原因として多いのが、このUX絡みなのです。

発注者の心理としては、たとえ機能要件は満たしていても、UXがあまりにもひどいシステムができ上がってきたら、ベンダーに対して「こんな使い勝手が悪いシステムは、すぐに修正してくれ！」と言いたくなります。

他方、一般的なベンダーの心理としては、UXの話は要件定義のフェーズ（段階）で発注者が盛り込んでいなかったのですから、満たさなくてもかまわないものだと考えます。納期間際でシステムが目に見える形に仕上がってきた段階になって、「後出しジャンケン」のように発注者が無理難題をいきなり押しつけてきた、と捉えるのが普通です。

こうした行き違いを防ぐには、**発注者とベンダーの双方が、UXについても事前に考慮し、おおよそにでも合意しておく**ことが大切なのです。

# Chapter 2

最低限の共通言語を身につける

##  21世紀のものづくりに求められるUXとは？

● UXの概念図

**UX（User Experience）**
ユーザーが製品から得られる体験のすべて

- 感情（ワクワク／イライラ）
- おもてなしの心
- メッセージの理解しやすさ
- トラブルシュートの容易さ
- レスポンスタイム
- その他多数

**UI（User Interface）**
ユーザーと製品の接点

- 入力手段
- 画面デザイン

※UXはUIと混同されがちですが、UXはUIを包含し、「ユーザーの感情や体験のすべて」を指す幅広い概念です。

● UXを考慮しないと…

機能要件は満たしているが、使い勝手が悪くて満足度が低い最低のシステムだ！

こんなシステムには絶対に金は払わん！

いまさらそんなイチャモンつけられても…

発注者　　　　　　ベンダー

 Engineering SAMURAI のアドバイス

**成果物の満足度に直結するUXは、システム外注における要注意ポイントです。**

# 主な「システム開発プロセス」を知っておく

システム開発の進め方にはパターンがある

## 🔍 2大流派「ウォーターフォール型」と「アジャイル型」

システムの開発プロセスを大まかに分類すると、「**ウォーターフォール型**」と「**アジャイル型**」に分かれます。

ウォーターフォール型の開発プロセスでは、たとえば「要件定義」→「設計」→「実装」→「テスト」→「運用」と、開発に必要なプロセスを順番どおりに進めていきます。原則として、ひとつのフェーズが100%完了するまでは次のフェーズに進みませんし、フェーズの後戻りもしません。

このため、**ウォーターフォール型の開発では「開発途中の仕様変更」に対応しづらい**という弱点があります。

一方のアジャイル型の開発プロセスでは、開発全体をある一定のサイクルに分割します（このとき、それぞれのサイクルのことを「**イテレーション**」と呼びます）。そしてそのイテレーションごとに、「計画」や「設計」、「実装」、「テスト」といった一連のフェーズを実施していきます。

**アジャイル型は、試行錯誤を前提としているシステム開発プロセス**と言うこともできるでしょう。イテレーションを少しずつ積み上げて進めていくため、開発途中の仕様変更にも柔軟に対応できる強みがあります。

## 🔍 石橋を叩きながら進めていく「V字型モデル」

このほか、ベンダーが発注者の求める機能要件を確実に達成するための仕組みとして、「V字型モデル」という考え方もよく使われます。

「V字型モデル」では、設計フェーズとテストフェーズが1：1で対応しています。つまり、**システムが要求仕様を充足しているか、ひとつずつテストしつつ進めます**。一般的に、V字型モデルは、ウォーターフォール型開発での品質保証のために用いられることが多い考え方だと言えます。

# Chapter 2
最低限の共通言語を身につける

## システム開発プロセスの類型

### ● ウォーターフォール型開発

要件定義 → 設計 → 実装 → テスト → 運用

流れ落ちる滝のように、後工程(下流)から前工程(上流)への後戻りはしません。

### ● アジャイル型開発

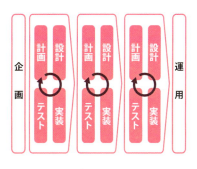

企画 →〔計画・設計・実装・テスト〕×3 → 運用

システムをサブ機能単位に分割して、積上方式で開発します。

### ● V字型モデル

設計(＝仕様書)とテストが1：1の対応関係になっています。

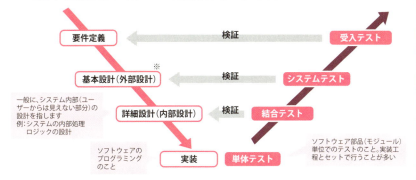

要件定義 ← 検証 ← 受入テスト
基本設計(外部設計)※ ← 検証 ← システムテスト
詳細設計(内部設計) ← 検証 ← 結合テスト
実装 ― 単体テスト

一般に、システム内部(ユーザーからは見えない部分)の設計を指します
例：システムの内部処理ロジックの設計

ソフトウェアのプログラミングのこと

ソフトウェア部品(モジュール)単位でのテストのこと。実装工程とセットで行うことが多い

**Engineering SAMURAI のアドバイス**

機能要件の充足を担保するため、できるだけV字型モデルを導入するようにしましょう。

※「基本設計」はシステム外部(ユーザーから見える部分)の設計を指します。たとえば、帳票や画面等の設計が該当します。

# 業務フロー図を描く際は「UML」に従う

## ITエンジニアの共通言語

### 🔍 システム設計のための統一言語

「**UML**」とは、Unified Modeling Language の略称であり、直訳すると「**統一モデリング言語**」といった意味になります。ここで言う「モデリング」とは、「AS-IS や TO-BE を目に見える形（形式知）として表現する」といったニュアンスです。

この UML は、システム設計に用いるドキュメント（書類）の表記形式を、世界的に統一するために制定されています。名称の中に「言語」とありますが、実際には視覚的にわかりやすい図（**ダイアグラム**）を用います。

IT 業界では、昔からシステム設計の図示が試みられてきたのですが、各開発者が独自のやり方で図を描いてきたため、形式がバラバラとなってしまいました。異なる組織間で理解を共有することが困難な状況になってしまったため、国際的な標準形式を定めたのが UML です。

いまでは国内外の大多数のベンダーが、UML に則って、あるいは最低限、準拠する形でシステム設計のドキュメントを作成しています。

### 🔍 UMLで描いたものは、IT玄人なら誰でも理解できる

UML はさまざまな種類の図の描き方を規定していますが、そのうちのほとんどは、システムの内部設計を行う際に使う図です。そのためベンダーは利用しますが、発注者は見るだけで作成することはまずないでしょう。

例外的に、発注者が主体となって描く図がひとつだけあり、それが自社の業務フロー図を描く際に用いる「**アクティビティ図**」です。世間一般で言うところの「フローチャート」を標準形式化したものです。

この UML におけるアクティビティ図のルールに則って作成すれば、ベンダーとの理解の共有がスムーズに進むのです。

# Chapter 2

最低限の共通言語を身につける

##  システム設計のスタンダード

UMLで規定されているダイアグラム(図)は多くありますが、発注者が作成(習得)する必要があるのは、原則として「アクティビティ図」のみです。

### ● 構造図

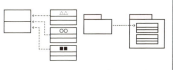

クラス図　　パッケージ図

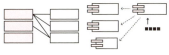

オブジェクト図　　コンポーネント図

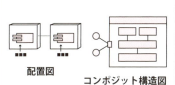

配置図　　コンポジット構造図

### ● 振る舞い図

#### ● 相互作用図

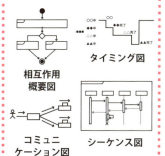

相互作用概要図　　タイミング図

コミュニケーション図　　シーケンス図

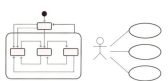

ステートチャート図　　ユースケース図

アクティビティ図

> 「アクティビティ図」はいわゆる「フローチャート」です。自社業務の現状(AS-IS)と理想(TO-BE)を時系列に書き下していきます

**Engineering SAMURAI のアドバイス**

アクティビティ図で業務の現状(AS-IS)と理想(TO-BE)をしっかり示しましょう。

# 「パッケージソフトウェア」で用が済んでしまう場合もある

## 「ありもの」の成果物を使うという発想も持ちたい

### 🔍 企業向けの有力な既成品もある

「**パッケージソフトウェア**」とは、家電量販店の店頭やネット上の販売サイトなどで、一般向けに市販されているソフトウェアの総称です。個人向けでは Microsoft 社の「Office」や Adobe 社の「Photoshop」、企業向けでは Oracle 社のデータベースや SAP 社の ERP パッケージなどが有名です。

なお、最後に例に挙げたソフトウェアの名称にもなっている「**ERP**」とは、Enterprise Resource Planning の略称で、企業の基幹業務（製造・物流・販売・人事・財務会計など）の情報を一元管理するためのシステムです。

このように、企業の経営活動の生命線を担うシステムでさえ、いまや「既製品」、すなわちパッケージソフトウェアで賄えます。

### 🔍 スクラッチ開発はリスクが大きい

ベンダーに外注して開発するシステムは、基本的に自社の業務に特化した、自社専用のシステムをゼロから開発することになります。このような開発のことを「**スクラッチ開発**」と言います。

それに対して、パッケージソフトウェアでは一般向けに販売されている"ありもの"のシステムをそのまま使うことになりますから、スクラッチ開発する自社専用システムと比べれば、自社の TO-BE に完全には適合しない可能性が高いでしょう。

ただし、自社の TO-BE に近づけられるように、設定調整（**カスタマイズ**）や機能拡張（**エンハンス**）できる仕様になっているパッケージソフトウェアもあります。それで自社の TO-BE を十分に満たせるというのであれば、それに越したことはありません。**スクラッチ開発には大きなコストがかかりますし、開発失敗のリスクも高い**からです。そうした意識も必要です。

# Chapter 2 最低限の共通言語を身につける

## 「所有よりも利用」の時代？

### ● パッケージソフトウェアのメリット・デメリット

**パッケージソフトウェア**
文字どおり、「包装された(packaged)」ソフトウェアのこと。消費者のニーズを最大公約数的に集め、一般向けに設計された汎用性が高いシステムであるため、無難な仕上がりになっています

- たとえるなら「既成品の背広」
- "そこそこ" の着心地と品質
- 大量生産が可能であるため、価格を安く抑えられる

### ● スクラッチ開発のメリット・デメリット

- たとえるなら「オーダーメイドの背広」
- 身体にジャストフィットする
- 製作には手間暇がかかる
- 価格は高い

Engineering SAMURAI のアドバイス

パッケージソフトウェアを活用するなら、事前にTO-BEを満たせるか入念な検証が必要です。

# 「クラウド」の概念はもはや欠かせないもの

「雲」の上にあるインターネットサービス

## 🔍 読みは同じ「クラウド」でも、実は2つの言葉が混じっている

最近のIT業界には、「**3大クラウド**」と呼ばれているものがあります。
1. **クラウドサービス（Cloud service）**
2. **クラウドファンディング（Crowd funding）**
3. **クラウドソーシング（Crowd sourcing）**

字面(じづら)が類似していて混同しやすいので、違いをしっかり理解しましょう。「クラウドサービス（Cloud service）」のCloudは「**雲**」を意味し、インターネットの比喩(ひゆ)です。自社オフィス内に設置したコンピューター（「**オンプレミス**」と言います）の代わりに、ネット上にあるコンピューターを使って構築した情報システムを指します。

一方で「クラウドファンディング」と「クラウドソーシング」のCrowdは、「**群衆**」を意味しています。前者は商品の新規開発などのために不特定多数の人から資金調達を行うこと。後者は不特定多数の人に対して、自分がしてほしい仕事を請け負ってくれる人を一斉に募集することです。

## 🔍 クラウドサービス型のシステム外注が増えている

パッケージソフトウェアは、通常、オンプレミスで運用することを前提としています。対して「クラウドサービス」の利用者は、インターネット上にあるコンピューターを間借りして、クラウドサービス事業者が一般向けに提供しているサービスをそのまま利用するだけです。

インストールの手間はありませんし、インターネットに接続可能な環境があれば、いつでもどこでもシステムを利用できます。

このようなメリットに鑑みて、**自社専用のクラウドサービスを、システム外注でスクラッチ開発するケースが今後は多くなる**でしょう。

# Chapter 2
最低限の共通言語を身につける

## 21世紀の「3大クラウド」

労働力 →

**クラウドソーシング**
(Crowd sourcing)

インターネット経由で仕事のマッチングを行うこと。

資金 →

**クラウドファンディング**
(Crowd funding)

インターネット経由で資金調達を行うこと。試作品段階でユーザーのニーズを探る「テストマーケティング」にも活用できる。

群衆（Crowd）

ITサービス →

**クラウドサービス**
(Cloud service)

インターネット経由でITサービスを提供／利用すること。「オンプレミス」を前提とせず、システムの運用はクラウド事業者が代行してくれる。パソコンだけでなく、タブレット端末やスマートフォンからもアクセス可能。

雲（Cloud）

インターネット経由で自分が得たいものを得る点が、3つすべてに共通しています。

Engineering SAMURAI のアドバイス

**クラウドサービスであれば、社外でも自社システムを利用できる利点があります。**

# 「DevOps」で開発者と運用者が協調できる体制をつくる

ほうっておくと対立関係に陥りがち

### 🔍 両者間の風とおしがよくなればメリットは多い

「**DevOps**」とは、開発（Development）と運用（Operations）を合成した造語で、「デブオプス」と発音します。一般的には、システムの開発者と、そのシステムを実際に運用する側との連携を強化することを指します。言い換えれば、**システムの開発や運用段階をとおして、開発者と運用者との間の「風とおし」をよくすることを目指す試み全般**のことです。

DevOps は、一般にはシステム開発プロセスの刷新や、必要なツール（プログラム等）の導入などによって行います。その目的は、以下のとおりです。

1. システム開発の途中で生じる仕様変更要求などに対して、開発者と運用者が一致団結して、柔軟に対応できるようにするため。
2. システム開発に関連する煩雑な作業をツールで自動化することで、開発者と運用者の負荷を軽減するため。
3. 開発者と運用者との間の情報（データ）の共有やコミュニケーションを、より効率的に行えるようにするため。

### 🔍 開発者と運用者の間に存在する「厚い壁」

DevOps が目標とする「開発者と運用者が一致団結して協力できる」状態というのは、実現できればもちろん素晴らしいものです。しかし、その職務の性質上、**システムの開発者と運用者は実際には利害が対立しがち**です。開発者の使命は「リスクをとってシステムを向上していく」ことですが、運用者の使命は「リスクを避けてシステムを安定稼働させる」ことだからです。開発者が追加した新機能で不良（バグ）が発生すれば、その尻拭いをするのは運用者です。

相反する二者を協調させられるように、DevOps を実施しましょう。

Chapter 2 最低限の共通言語を身につける

## 開発者と運用者にありがちな差異

**開発者**

**運用者**

**DevOps**

### 開発者

**ミッション**
システムの機能強化
（プラスを増やす）

**リスク選好度**
「虎穴に入らずんば虎子を得ず」
（ハイリスク・ハイリターン型）

**メンタリティ**
「やったもん勝ち」

**役回り**
運用者の憎まれ役
（職務上、運用者の手を煩わ
せることが多い）

### 運用者

**ミッション**
システムの安定稼働
（マイナスを減らす）

**リスク選好度**
「石橋は叩いて渡る」
（ローリスク・ローリターン型）

**メンタリティ**
「余計なことはするな」

**役回り**
開発者の尻拭い役
（システム障害のクレーム対
応など）

 Engineering SAMURAI のアドバイス

システムの外注時には、開発と同じくらい
に開発後の運用体制も考慮してください。

# 今後は「オフショア開発」案件も多くなるはず

### システム外注が世界規模で国際化している

## 🔍 国内でのエンジニアのコスト増と人手不足が背景に

「**オフショア開発**（Offshoring）」とは、情報システムやソフトウェアの開発業務を、海外の会社に委託または発注することです（ここで言う「海外」は、主としてエンジニアの人件費単価や事業運営コストが日本よりも安い新興国を想定しています）。具体的な国名を挙げると、**発注先候補の第1は中国で、第2にインド、次にベトナム、ミャンマーなどの東南アジア諸国**です。日本人エンジニアの単価は増大の一途で、人材募集をしても即戦力レベルの人材を揃えることが困難な状況が背景にあります。

## 🔍 異文化コミュニケーションのスキルが必要になる

オフショア開発では、発注者はシステム開発の外注先として、日本国内のベンダーではなく外国のベンダーを選定します。当然、発注者が相対する開発者は、日本人ではなく外国人となるのが一般的です。

こうした開発環境では、開発プロセスでのコミュニケーションの失敗に気をつけなければなりません。たとえば、外国人には日本人のように"空気"や行間を読む習慣はあまりないため、**開発の指示は明示的な形式で行わなければなりません**。国内なら曖昧な指示で済ませられるところも、きちんと要件定義して業務の遂行を依頼する必要があります。日本側の要件定義や検収のスキルが未熟であるため、日本側からの指示が錯綜し、海外の会社が混乱に陥った事例もあります。また、新興国のエンジニアは優秀ですがプライドも高く、日本人が見下したような態度を少しでも見せると、敏感に察知するので注意しなければなりません。

違う国同士なので差異は当然ありますが、海外人材の人間性や文化を尊重し、相互の信頼に基づく対等なパートナーシップを築くことが重要です。

## Chapter 2
最低限の共通言語を身につける

###  オフショア開発での7つのポイント

1. 外国人を対等なパートナーとして扱う

2. 海外に仕事を「丸投げ」するのは厳禁

3. 外国人は「空気」「行間」「長文」を読まない

4. 日本側の要件定義と検収のスキルを上げる

5. 海外と日本の橋渡し役「ブリッジSE」を設置する

6. 同じ人間同士であると肝に銘じる

7. 意識を合わせるための「レビュー」を定期的に行う

Engineering SAMURAI のアドバイス

外国人相手のコミュニケーションスキルは、日本人相手の場合にも大いに役立ちます。

# 続々と生まれる新しい専門用語への対処法は？

### IT業界の変化スピードは他業界の8倍速!?

## 🔍 本質的な部分はあまり変わっていない

「IT業界はドッグイヤーだ」とよく言われます。「ドッグイヤー（Dog Year）」とは、寿命の長さの違いから、犬にとっての1年が人間にとっての8年に相当することをもじった英語の慣用句で、すさまじい速さで物事が移り変わることを示した言葉です。**IT業界では、他業界に比べてずっと速いスピードでトレンドが移り変わる**のです。

本章では、いくつかITの専門用語について解説してきましたが、業界全体のトレンドが変遷するのに伴い、新しいITキーワードは日々増殖しています。ベンダーが商売のネタとするために、新しい専門用語を次々に"ひねり出している"という側面もあります（昔からあった類似の話を、別の新名称で言い換えただけというケースもよくあります）。

発注者側のみなさんは、「それじゃあ、どれだけ勉強してもキリがないじゃないか」と不安になるかもしれませんが、実は恐るるに足りません。一見、目まぐるしく変化しているように見えるIT業界ですが、**本質的な部分はIT黎明期のころからほとんど変わっていない**からです。本章で解説した基礎知識を理解しておけば、システム外注における要点（特にベンダーとの交渉における前提知識）はおおむねカバーできるので大丈夫です。

## 🔍 最新トレンドに追いつく方法はシンプル

では、本書に記載されていない最新キーワードを把握するにはどうすればよいのか？

その答えとしては、「ITの専門書籍を読んで勉強する」のが王道です。

あるいは、もっと鮮度が高いリアルタイムな情報については、良質なウェブサイトを利用すればよいでしょう。

Chapter 2 最低限の共通言語を身につける

##  最新トレンドの入手先の例

### ●IT業界は「ドッグイヤー」

犬が人の8倍速で年をとるように、IT業界では技術や知識が陳腐化するスピードが非常に速いです！

「置いてきぼり」にならないように、以下のような情報源で常に情報収集すること

| 専門書 | ニュース配信サイト | 検索サイト |
|---|---|---|
| 「日経コンピュータ」(日経BP社)のようなIT専門雑誌を定期購読することをお勧めします | 筆者のお勧めは「ITmedia」と「＠IT」です | いわゆる「ググる」です。耳(見)慣れないキーワードが出てきたら、まずは検索してみましょう |

……など

Engineering SAMURAI のアドバイス

IT業界のトレンドは常に進化し続けますから、一生勉強し続ける必要があります。

47

COLUMN
コラム

## ITが多くの人にとって「とっつきにくい」と感じられる理由とは？

　昔ほどではないにせよ、日本人（特に文系）には「ITアレルギー」を強く感じます。ITに関して、「見るのも聞くのもイヤ」というレベルの人もいます。

　こうしたITアレルギーの原因を筆者なりに分析してみたのですが、**日本人の「英語アレルギー」と密接に関連しているのではないか**、と睨んでいます。

　IT用語には英語由来のものが多く、アルファベットの略称のような用語が頻繁に出てきます。たとえば「オブジェクト指向プログラミング言語を用いて、クラスのインスタンスを生成するコードを書く」といった文はIT業界的には普通の日本語なのに、「オブジェクト（object）」、「プログラミング（programming）」、「クラス（class）」、「インスタンス（instance）」、「コード（code）」といった英単語が短い一文の中に乱れ飛んでいます。

　当然、英語アレルギーの日本人がこんな一文を見たら、それだけで嫌気がさすに違いありません。結果として、英語アレルギーに引きずられる形で、ITアレルギーを併発してしまうことが多いのだろうと推察しています。

　ましてやITの場合は、英語に加えて「アルゴリズム（プログラミングで用いる数学的なロジック）」のような理工系の知識を前提とする場合も多いです。日本人には「理工系アレルギー（特に数学アレルギー）」の方も多いので、**ITは英語と数学のダブルパンチ**となってしまい、「とっつきにくい」と感じる人が多くなってしまうのでしょう。

No. 18～25

Chapter 3

# 外注先のベンダーは こうして選ぶ

システム外注についての基本的な考え方やITの基礎知識を身につけたら、いよいよベンダーを選定していきます。その際、「相手の上手な見極め方」を知っていると役立ちます。

# ベンダー選定は「お見合い」と同じくらいの心構えで

**結婚相手を選ぶくらいの真剣さが必要**

## 仮に不仲になっても簡単には関係を解消できない

　いきなりで少々唐突に感じるかもしれませんが、**ベンダー選定は「お見合い」を手本にして行いましょう**。お見合いの場で、自分の生涯のパートナーを適当に決める人はいません。しかし、外注先のベンダーを「エイヤ！」と適当に決めてしまう発注者は多いように感じます。実際に「提示してきた見積額がいちばん安かったから」という理由だけで、ベンダーを決めてしまう発注者は少なくありません。

　しかし、よく考えてほしいのです。**開発したシステムの運用保守などを考えれば、いったん選定したベンダーとは迂闊に関係を解消できません**。仮に発注者とベンダーとの仲が険悪になったとしても、システムの運用に問題を起こさないよう、"腐れ縁"を続けざるを得ないケースは非常に多いのです（強引に契約解消することはもちろん可能ですが、その場合には、運用トラブル発生のリスクを覚悟しなくてはなりません）。

## ベンダーのほうが慎重派

　安易に外注先を決めがちな発注者に対し、ベンダー側は応札前に発注者を厳しくチェックしていることが多いです。

　支払能力はきちんとあるのか、次章で詳述する「システム外注の作法」を理解しているか、扱いやすい顧客かどうか（ITの知識をどの程度持っているのか）、今後も長期的につき合っていけそうか（運用保守の契約につなげられそうか）など、より多面的に発注者側を値踏みし、原則として「受注する価値がある」と判断したときにだけ応札してきます。

　発注者も、このベンダー側の態度と同様に、**"お見合い"の場での意思決定くらい慎重にベンダー選定を行う**よう心がけるべきなのです。

# Chapter 3
外注先のベンダーはこうして選ぶ

##  多様な視点でパートナーを選ぼう

発注者が比較的単純な判断をしがちなのに対し、
ベンダーは通常、より多面的にチェックしています

● ベンダーの選定とお見合いはよく似ている

- いったん選ぶと長いつき合いになる
- 問題があっても別れづらい
- 強引に関係を解消するとダメージが大きい　……など

お見合いと同じくらいの
慎重さで、相手を選ぶこと！

Engineering SAMURAI のアドバイス

万一、「離婚」することにでもなれば、お互いに大きな損害を被るのは避けられません。

# 直感的な第一印象は「当たらずとも遠からず」

## 生理的に合わない人・会社とはいい仕事はできない

### 🔍 人間の本能が発する危険信号を無視しない

　棋士の羽生善治さんは、「直感の7割は正しい」と述べています。人間の左脳的思考（理屈）の歴史は有史以降の短い期間（約1万年）ですが、人間の右脳的思考（直感）の歴史は人類誕生以降の長い期間（約700万年）です。つまり、人類が700万年もかけて培った先天的能力が「直感」です。

　ベンダー選定は理屈で考えがちですが、**ベンダーに対するそうした直感的な第一印象も重要**です。「お見合い」でも、相手の第一印象が大きな判断材料になるのと同じです。最初の打ち合わせでの短い時間で、相手の本質をすべて見極められるわけではもちろんないのですが、少なくとも「雰囲気的に絶対NG」「生理的に無理！」という相手は、ベンダー選定でも問答無用で足切りしてしまって問題ないでしょう。

　個人的な経験則ですが、直感的な第一印象が悪いのにもかかわらず、たとえば「見積りの提示額が最安値だったから」という理屈を優先してベンダー選定をしたプロジェクトでは、失敗率が顕著に高まります。それは決して偶然ではなく、発注者が本能的な部分で察知した危険信号を無視してしまったためだと、私は思っています。

### 🔍 営業担当者よりPMの第一印象が大事

　なお、初対面の場では、**特にシステム開発プロジェクトを指揮することになるプロジェクトマネージャー（PM）の第一印象に注目**しましょう。「使えないPM」は、システム外注全体の成功を大いに危うくするからです。

　PMの代わりに、弁が立つ営業担当者に話をさせようとするベンダーがたまにいますが、それも要注意信号です。そういうベンダーに限って、実力が低い「難あり人材」をPMにアサイン（任命）してくるものだからです。

**Chapter 3** 外注先のベンダーはこうして選ぶ

## 第一印象は多くを物語る

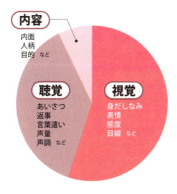

**メラビアンの法則**

- 初対面での第一印象は、視覚からの情報55％、聴覚からの情報38％、話の内容7％で構成されています。
- つまり、言語情報よりも非言語情報（感覚）からより大きな情報を得ています。

> *Don't let the noise of others' opinions drown out your own inner voice. And most important, have the courage to follow your heart and intuition.*
>
> ― スティーブ・ジョブズ

自分の内なる声を、他人の意見に掻き消されるな。いちばん大事なのは、自分の心と直感に従うことなんだ

**Engineering SAMURAI のアドバイス**

理屈と直感なら、直感のほうを信じたほうが成功率が高くなると感じています。

# ベンダーにもそれぞれ強みや専門分野がある

### 発注者にも得意分野や不得意分野があるのと同じ

## 🔍 専門のタコツボ化はIT業界でも進行中

本書ではここまで、わかりやすく「ベンダーはITの専門家である」と述べてきました。しかし実は、ITの世界では近年、学術界や医学界と同様に**専門のタコツボ化**が進行しており、それぞれの専門分野がより狭く、より深くなってきています。また、視点によってその分類法もさまざまに存在します（右図参照）。

技術の進歩に伴ってITが処理できる対象が非常に広くなり、1人あるいは1社では、到底その全体をカバーしきれなくなっているためです。

結果、たとえ専門家集団であっても、複雑なシステムの開発案件ではすべてを1社で遂行できるベンダーはまず存在しない、という状況が生まれています。特に小さなベンダーでは、不得手な領域の作業はあえて自社では手がけず、他社に再委託することで、自社の得意分野に資源を集中させるケースがよくあります。

**大規模なシステム開発では、そうした専門性が異なるベンダー複数が、「連合軍」を組むことが一般的になっている**のです。

## 🔍 再委託先にも注意しておく

発注者はこうした現状についても認識しておき、ベンダー選定の際には、外注先候補となる各ベンダーの強みや弱みがどこにあるのか、また自社の依頼内容に合わせて、ベンダー側がどんな「連合軍」を組むつもりなのかを確認するようにしましょう。

**情報漏洩は、往々にしてベンダーの再委託先で起きます**。問題のある再委託先が混じっていないか、目を光らせておく必要もあるのです（たとえば、外国企業への再委託を許容できないケースなどが考えられます）。

# Chapter 3 外注先のベンダーはこうして選ぶ

## ベンダーによる棲み分けの例

### ● 開発工程で棲み分ける場合

**上流工程**（要件定義〜設計フェーズ） or **下流工程**（実装〜テスト〜運用フェーズ）

システム開発工程の上流と下流では、求められる能力が異なります。上流工程では対人コミュニケーション力や分析力（論理的思考力）、下流工程では技術知識や注意力が重視されます。

### ● 技術の対象範囲で棲み分ける場合

**低レベル**（低レイヤー） or **高レベル**（高レイヤー）

プログラミングの世界における「レベル」という用語には要注意です。「低レベル」というのは、技術水準が低いという意味ではなく、「システム構成において低い階層に位置する」＝「ハードウェアに近い」という意味です。「低レベル」プログラミングの代表格は「IoT（Internet of Things）」や「組み込み（Embedded）システム」です。

### ● プログラミング言語で棲み分ける場合

C　C++　C#　Ruby
PHP　Swift　Python　Java ……など

プログラミング言語は人間の語学（英語や中国語など）と類似しています。システムの用途に応じて、プログラミング言語も使い分けるべきなのですが、すべての外国語を話せる人がいないように、ベンダーも1社で言語すべてに精通していることはまずありません。

---

Engineering SAMURAI のアドバイス

**依頼する内容に合わせて、より適性のあるベンダーを選ぶのが得策です。**

# 面談でベンダーの本性を引き出す質問をしよう

ベンダーの「ストレス（意地悪）テスト」を行うこと

## 🔍 初期の面談を最大限に活用しよう！

　外注先選定の際には、通常、それぞれのベンダーとの面談を行います。この「ベンダーとの（初期の）面談」を軽視する発注者が多いのですが、実はこの面談は、よいベンダーを見極めるための唯一無二の機会です。

　システム外注先のベンダーをいったん決定してしまうと、発注者とベンダーの力関係が変わり、ベンダーの立場が強くなります。結果、ベンダーが発注者に対して本音を漏らさなくなるケースがよくあります。逆に言うと、**選定時点での面談ではまだ力関係が対等ですから、本音ベースでのコミュニケーションをとりやすい**のです。

　また、ベンダーの誰と面談するのかも重要です。ベンダーによっては営業担当者だけが出てくることもありますが、**システム開発を実際に指揮することになるPMとも必ず面談する**ようにしましょう。システム外注の成否は、PMの力量と人柄に大きく左右されますから、発注者は、各ベンダーのPMの総合的な"人間力"も厳しくチェックすべきなのです。

## 🔍 意地悪な質問への答え方には、つい"地が出る"

　面談の際、ベンダーに投げかけるべき質問を右図にまとめましたので、参考にしてください。前項で述べたように、どのベンダーにも弱点があるため、面談時に「なるべくなら発注者に聞かれたくない質問」が存在します。いわゆる「意地悪な質問」で、右の質問はそれらをまとめたものです。**ベンダーの本性は、こうした意地悪な質問をされたときにこそ表れてきます**から、ベンダーの返答について内容やその答え方をよく観察してください。たとえば質問に正面から答えないような態度なら、"誠実さ"に欠けているので選から外す、といった対応ができるはずです。

# Chapter 3
外注先のベンダーはこうして選ぶ

## 「意地悪な質問」あれこれ

### ● ベンダーの痛いところをつく質問

**御社の離職率はいかほどですか？**

この質問で、ベンダーの職場環境の実態を探ります。ほかにも、「メンタル疾患による休職率はどれくらいですか？」「残業時間の多さはどれくらいですか？」などの質問をしてもいいでしょう。

**過去に失敗事例はありませんか？**

失敗事例を素直に白状した場合には、「どうすれば再発を防げると思いますか？」などと深掘りします。
逆にノーコメントを貫くベンダーは、開発が炎上してもノーコメントを貫くでしょう。

### ● ベンダーに心理的な揺さぶりをかける質問

**説明が専門的すぎてよくわかりません。もう少し易しく話してもらえませんか？**

ベンダーとしては、イラッときやすい質問です。
あえてそうした質問をしてみて、相手の態度を見極めましょう。

**お話に現実味が薄いように思うのですが、何か根拠はありますか？**

技術的な実現可能性について、裏づけをとるのを怠ってしまうようなベンダーは、この質問を忌み嫌います。あえて問いかけて、相手の態度を確認します。

### ● ベンダーとしての実力を探る質問

**当社のRFPについて疑問点はありませんか？**

一般的に、ITの素人である発注者が書くRFPは、ベンダーにとって必要な情報のヌケモレが多いはず。にもかかわらず質問が少ない場合は、RFPに対する理解の不足が考えられます。

**類似のプロジェクトに参加された経験はありますか？**

経験したことがある場合には、そのプロジェクトの顛末を詳しく聞き出しましょう。
一方、回答が「未経験」の場合には、初挑戦なのに成功させる自信と根拠がどこから来るのか、突っ込みます。

**Engineering SAMURAI のアドバイス**

嫌味に感じられるくらいの質問でも、力のあるPMは上手にさばくものです。

# ヤバいベンダーのPMからは"疲労感"が漏れ伝わる

## 表面を取り繕っても、PMの様子ですぐわかる

### 🔍 ベンダーのPMが「ゾンビ化」していないかチェックする

「顧客満足（CS）の改善は、職場環境の改善からスタートすべき」とよく言われます。この言葉を逆から考えれば、**従業員の満足度が低い職場（ベンダー）で開発されたシステムには、顧客の満足度を高める力は備わらない**ということになります。

生き馬の目を抜くIT業界で、ベンダー各社は競争に明け暮れています。IT業界はプロジェクト管理の方法論もまだ未発達なので、"大炎上"する失敗プロジェクトもたくさんあります。残業が毎月数百時間を超えるプロジェクトや、ときには過労死するエンジニアも少なくなく、その状況を大戦中の惨事になぞらえて「**デスマーチ**（Death March：死の行進）」と自嘲気味に呼ぶこともよくあります。当然、「デスマーチ」で気力を奪われてしまったエンジニアに、よい仕事ができるわけがありません。

そして、**そのベンダーの職場環境がどうなっているかは、面談で各ベンダーのPMの様子を観察すれば、おおよそ判断ができる**ものです。デスマーチで疲弊しきったPMからは、素人目にも疲労感が漏れ伝わってきます。まさに「生ける屍＝ゾンビ」状態です。そうしたベンダーではエンジニアの意欲も崩壊していることが多いですから、避けておくのが無難です。

### 🔍 ベンダー選定は消去法の発想で進めるとよい

IT素人である発注者が、IT玄人のベンダー各社の中から、よいベンダーを、よりよい順に選んで選定していくのは容易ではありません。むしろ、**ひどいベンダーを、よりひどい順に落としていく**という方針で対処していったほうが、結果的に納得のいく選択ができるケースが多いと感じています。この点も参考にしてください。

# Chapter 3

外注先のベンダーはこうして選ぶ

## ゾンビの腐臭を嗅ぎ分ける3つのポイント

### 1 エンジニアの眼が死んでいる

ベンダーの事業所を必ず訪問して、職場の雰囲気をこっそりと観察しましょう。ブラック企業のようなひどいベンダーの職場では、エンジニア（特にPM）に覇気がなく、空気がドンヨリと淀んでいるのが素人目にも丸わかりです。

発注者が観察していることに気づくと、イキイキ働いているように演技するかもしれませんから、あくまでも「こっそり」と観察します。

### 2 数字の根拠や詳細が不明瞭

たとえば、システム開発代金の見積りの際に、項目が「〇〇〇一式」とだけ記載されていて、その詳細がわからないことがあります。また、金額の妥当性を検証すべく、見積りの根拠を尋ねても明瞭な答えが返ってこないこともあります。こうしたベンダーは、受注前の仕事ですら「怪しい」ベンダーですから、受注後の仕事の質も「推して知るべし」です。

### 3 発注者に過剰にゴマをする

ベンダーにとって、発注者は対等の「パートナー」であるべきです。対等だからこそ、発注者の「腫れ物」にメスを入れることもできるからです。にもかかわらず、過剰な「ゴマすり」が目立つベンダーは誠実さに欠けます。「ご機嫌とりをして、金さえもらえればあとは知らん！」という態度が見え見えだからです。

Engineering SAMURAI のアドバイス

疲弊したベンダーとつき合っていると、発注者もゾンビ化しやすいので要注意です。

# 美辞麗句よりも「良薬は口に苦し」を選ぶ

### 発注者は「裸の王様」になりがちです

## 🔍 「YESマン」は遠ざけよ

　かつて、ピエロは宮廷に召し抱えられていて、権力者である王様を公衆の面前で侮辱できる存在でした。王様がピエロをわざわざ側に置いていたのは、自分自身を客観的に見つめ直すための存在が必要だったからです。

　翻って、現代社会ではピエロの代わりに「YESマン」が増えています。**特にベンダーの営業担当者はYESマンの代表格**。受注ほしさに、発注者の質問や要求に対してはなんでも「YES」としか返事をしません。たとえ内心では「それは無理だろ…」と思っていても、口では「YES」と話します。

　ITの分野では、本来は実現可能性の検証（ウラ取り）をしっかりと行わない限り、「YES」とは断言できません。**「YES」の即答が多すぎるベンダーは、何の根拠も考えもなしに、条件反射で「YES」と返事している可能性が高い**のです。そういうベンダーは、選ばないほうがよいでしょう。

## 🔍 あえて苦言を呈してくれるベンダーは貴重な存在

　発注者にとって望ましいベンダーは、「YESマン」ではなく「ピエロ」です。

　本当に発注者のことを考え抜いているベンダーであれば、発注者から嫌われる（最悪、契約を切られる）ことも覚悟のうえで、発注者に対して苦言を呈すべきところは指摘してくれます。

　システム外注の現場を見ていると、何かと"ツッコミどころ"が多い発注者も散見されます。ベンダーの立場からすると、「お節介ながら」忠告したい局面が多いはず。にもかかわらず「YES」の連呼、あるいは沈黙（見て見ぬふり）を決め込むベンダーは、誠意に欠けているとも言えます。

　**リスクをとってでも発注者を諫めてくれるベンダー**こそを、パートナーとして選ぶようにしてください。

# Chapter 3
外注先のベンダーはこうして選ぶ

## YESマンとピエロの違い

● YESマン

「YES！YES！YES！私は「YES！」という言葉しか知りません！」

ベンダーは、受注ほしさのあまり、実現可能性が見えていないことまで「YES」と言ってしまう傾向があります。「YESマン」に成り下がったベンダーは、思考停止しているも同然です。発注者の問いかけに対して、条件反射で「YES」と生返事するのみです

こうしたベンダーに対しては、必ずYESの裏づけを確認しましょう。回答をはぐらかされた場合は、それを「危険信号」として受け取ってください

● ピエロ

「王様の耳はロバの耳〜♪裸の王様〜♫」

「その機能は他の機能でも用が足せるので蛇足ですよ！」

中世のピエロのように、状況に応じて率直に「NO」と言ってくれるベンダーのほうが、パートナーとしては適しています

Engineering SAMURAI のアドバイス

YESマンは受注後には態度が豹変し、「NOマン」に化けることもよくあります。

# 自社なりの「ベンダー評価基準」を設けておこう

評価とは「譲らぬ点」と「妥協する点」を決めること

## 🔍 「場当たり」的な評価はNG

　ベンダー選定の落とし穴は、事前に検討や準備をしないで場当たり的にベンダーを評価してしまうこと。あるいは「見積提示額がいちばん安かったから」、「ベンダーに発注者とのコネがあるから」、「過去につき合いがあったから」といった安直な理由でベンダーを選定してしまうことです。

　**ベンダー選定を適当に行うと、システム外注プロジェクトは確実に失敗します**。ベンダー選定の手本はお見合いであることを思い出してください。

　ベンダーを場当たり的に評価すると、お見合いをするたびに評価結果がばらつきます。つまり、複数のベンダーに対する評価基準が首尾一貫しません。一般的に、お見合いであれば「釣書」を事前に交換しますが、**自分なりの「評価基準」をすでに確立しているからこそ、その評価基準に従って相手の釣書を査定できる**のです。

## 🔍 自社なりの「優先順位」を決める

　前述したように、QCD（品質、コスト、納期）やITの技術・知識の全領域で、100点満点をとれる完全無欠のベンダーはいません。要するに、発注者の要望に100点満点で応えられるベンダーは存在しません。**発注者は、ある程度は"何か"をあきらめる（目をつぶる）しかない**のです。

　それに備えて、発注者はあらかじめ「譲れないこと」と「いざとなればあきらめてもいいこと」を決めておきましょう。ベンダーの評価基準における「優先順位」をつけるのです。

　その優先順位に応じて、右図に示すような「**ベンダー採点表**」を事前に作成し、各ベンダーの評価をスコア化していくようにすれば、場当たり的な選定ではなく、一律の評価基準で外注先を選べるようになります。

# Chapter 3
外注先のベンダーはこうして選ぶ

## 事例① ベンダー採点表

| 分類 | 評価基準 | 評価基準の説明 | 優先度 | 評価 |
|---|---|---|---|---|
| 提案内容の充実度 | RFPの網羅性 | RFPに記載された要件をカバーしているか？ | 高 | ○ |
| | RFPの理解度 | RFPを十分に理解しているか？ | 高 | ○ |
| | 拡張性 | 将来の要件追加に対応しやすいか？ | 低 | × |
| 価格 | 初期開発費 | 金額はいくらか？ 詳細な内訳が明示されているか？ 見積りの根拠は明確か？ | 高 | △ |
| | 運用保守費 | 金額はいくらか？ サポート内容は何か？ SLA※の有無は？ | 中 | △ |
| 納期 | 納期 | 開発完了までに要する期間は？ その詳細な内訳は？ | 高 | △ |
| | 計画の妥当性 | 納期の実現可能性は？ トラブル発生時の安全係数は見込んでいるか？ | 中 | △ |
| 体制 | PMの素質 | PMの素質（キャラクター、熱意、経歴や保有スキルなど）は満足いくレベルか？ | 高 | ○ |
| | 開発プロジェクト体制 | 開発時の体制（人員数、役割分担、経歴や保有スキルなど）は必要十分か？ | 中 | △ |
| | サポート体制 | 開発完了後の運用保守におけるサポート体制は必要十分か？ | 中 | △ |
| 企業の実力 | 業務知識 | 発注者の業界や業務に特有の知識を、どれくらい有しているか？ | 低 | × |
| | 技術知識 | 外注するシステムに適した技術に精通しているか？ | 中 | ◎ |
| 企業の信用力 | 財務体質 | 財務状況は健全か？ 特定の取引先に依存しすぎていないか？ | 中 | △ |
| | 実績 | 過去の実績はどうか？ 特に、類似案件の経験はあるか？ | 中 | × |
| | 継続性 | 社歴は長いか？ | 高 | × |

評　価： ◎＝3点／○＝2点／△＝1点／×＝0点
優先度： 高＝2倍／中＝1倍／低＝0.5倍

得点　24 点

※ SLAは「Service Level Agreement」の略です。障害発生時のサポートのレベルに関する契約のことで、たとえば「緊急のトラブルシュートを要する障害発生時には、ベンダーは発注者からの連絡を受けてから24時間以内に返答を行うものとする」といった取り決めを行います。

# 総合的に判断し、最終的なベンダー選定を行う

本章で解説した要素をすべて見ていけばよい

## 🔍 基準に満たないベンダーをふるい落としていく

　本章ではベンダー選定の手本として「男女のお見合い」を挙げましたが、前項で触れたように、お見合いには「釣書」が必要です。これは、お互いのプロフィールを開示する資料です。システム外注では、発注者の釣書に当たるのが「RFP」で、ベンダーの釣書に当たるのは「発注者のRFPに対するベンダーからの提案」です。

　それを踏まえてここまでの内容をまとめると、発注者がベンダーを選ぶ際には、以下の3つの要素を検討すればよいと言えます。

1. ベンダーと面談した際の直感的な印象や態度、PMの様子など
2. ベンダー提案における見積金額
3. ベンダー提案の（技術的な）内容

　前項で示した採点表でこれらの要素を評価し、上記3要素すべてが合格最低点に達していないベンダーは、まずは無条件で落選にすることです。

　なお、**応札したベンダーすべてが落選してしまった場合には、安易に条件を緩めず、入札を仕切り直すようにしたほうが安全**です。うまくいかなかったときのベンダーとの「離婚」には、時間もコストもかかり、とても大きなリスクがあることを思い出してください。

## 🔍 最終選択時に重視すべきポイント

　幸運にも、上記3要素の合格最低点すべてを満たすベンダーが複数いた場合には、どのように最終決定をしたらいいでしょうか？

　そうした幸運な選択ができるときには、右図に示した4つの要素で生き残ったベンダーを比較し、自社とWin-Winな関係性をより長く継続できそうな相手を選ぶ、という方法がよいと思います。

# Chapter 3
外注先のベンダーはこうして選ぶ

##  最終決定に役立つ4つの評価ポイント

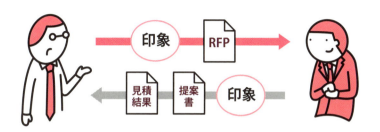

**1 「ベンダー採点表」に基づく評価結果**

前項で紹介した「ベンダー採点表」での評価結果は、発注者自らが決めた基準による採点です。そのため、高得点を得たベンダーは、発注者との相性もよい可能性が高いでしょう。

**2 PMの素質（特に人物像）**

PMの素質は、プロジェクトの成否を大きく左右します。たとえITの素人であっても、態度、雰囲気、質問に対する受け答えの仕方などから、不適格な人物の兆候を嗅ぎ取りましょう。

**3 オープン度**

たとえば見積りの詳細や根拠を明示してくれるような「オープン」なベンダーは、トラブル発生時にも、包み隠さず即座に報告を上げてくれるだろうと期待できます。

**4 積極性**

発注者からの「指示待ち型」のベンダーが多いのですが、むしろ、発注者がうるさく感じるくらいに積極的なベンダーのほうが好ましい、と言えます。

Engineering SAMURAI のアドバイス

**自社とのWin-Winな関係性を継続できるベンダーを選定しましょう。**

**COLUMN**
コラム

## 自由すぎるとかえって選べない。適度に選択肢を絞ってから選ぼう

　コロンビア大学ビジネススクールの教授であるシーナ・アイエンガー氏の『選択の科学』(文藝春秋)によると、「人間は目の前に多数の選択肢を提示されてしまうと、かえって、選択することが困難になってしまう」のだそうです。**人間の認知能力には限界があり、一度に多数の選択肢を処理することができない**からです。

　事実、多数の選択肢を顧客に提示している商品やサービスでは、購買率はむしろ低下する傾向があるとされます。顧客が細かい仕様を選択しきれなかった結果、購買自体を断念することがその一因となっています。多数の選択肢を提示することは、顧客に選択の自由を与えますが、**「自由すぎる」とかえって「不自由」になる**という面白い現象です。

　ちなみに、企業はこうした現象への対策として、決め打ちの"お勧めセット"を顧客に提案して対抗します。

　そして、大多数の顧客はその企業側の提案に従います。たとえば、居酒屋の「本日のお勧め」を思い出してください。企業が顧客の代わりに、選択肢を絞り込んでいるのです。

　システム開発を外注するベンダーの選定においても、この「選択の科学」は当てはまります。選択肢が多すぎて自由すぎると、かえって選べなくなりますから、**あらかじめ一定の評価基準をつくり、それに従って選択するようにしたほうが決めやすい**のです。

No. 26〜38

Chapter **4**

# 発注者とベンダーの すれ違いを防ぐ

発注者とベンダーは本質的には相容れないものです。しかし、たとえ相容れずとも共闘はできます。本章では、選定したベンダーとうまくやっていくためのポイントを紹介します。

# 26 まずは発注者側が襟を正し、より正確な伝達に努めよう

### 伝達ミスや誤解は必ず起こるもの

## 🔍 完全には説明も理解もできない前提で物事を進めること

　IT業界で有名なある風刺画があります（右図参照）。この絵のポイントは、**登場人物の誰ひとりとして、「顧客が本当に必要だったもの」に到達できていない**こと（顧客自身ですら、それを正確に理解できていません）。プロジェクト内で多重発生する伝達ミスや誤解によって、とんでもない成果物ができてしまうケースが多いことを皮肉ったものです。

　この風刺画の「顧客」を「発注者」と読み換えてみれば、ここから、システム外注に関する教訓も読み取れます。

　たとえば、ベンダーに外注して開発するシステムは、できる限り「顧客が本当に必要だったもの」に近づける必要がありますが、いかなる発注者であっても己のあるべきTO-BEを完全には知りません。そのため、それを100％正確にベンダーに説明することもできません。必ず、なんらかの伝達ミスや誤解が生じます。**あらかじめそうした誤解や伝達ミスを想定し、何度もチェックやすり合わせを行うことが大切**なのです。

## 🔍 入力がゴミなら、出力されてくるのもゴミ

　もうひとつ、IT業界で有名な格言を紹介しておきます。

　当たり前の話ですが、発注者の誤った指示にベンダーが正確に従えば、最終的には誤ったシステムが確実にでき上がります。IT業界では、この現象を指して「**GIGO**（Garbage-In Garbage-Out）」と言います。「ゴミを入力すれば、結果としてゴミが出力されるのは当然だ」という意味です。

　**でき上がるシステムの質は、発注者がTO-BE（要件）をベンダーに説明する能力に大きく依存する**という事実を肝に銘じましょう。ベンダーとのすれ違いを防ぐためには、発注者側がまず襟を正すべきなのです。

# Chapter 4

発注者とベンダーのすれ違いを防ぐ

## 「顧客が本当に必要だったもの」

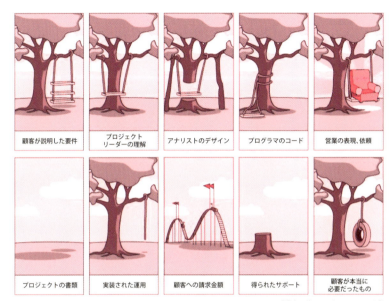

出典：http://www.projectcartoon.com/ ®
※ただし、もともとの風刺画のアイデアはいわゆる「インターネットミーム」であり、原著作者は不明です。

● **GIGO**（Garbage-In Garbage-Out）　ベンダーのエンジニアが優秀であればあるほど、入力どおりのゴミが出力されます。

 Engineering SAMURAI のアドバイス

**ベンダーがゴミを開発してしまったとき、発注者もゴミを投げつけているのです。**

# ベンダーに忖度させるのは事故のもと

## 「空気読め！」は説明責任の放棄です

### 🔍 コミュニケーションへの苦手意識を捨てよう

　基本的なことですが、ベンダーとの間での伝達ミスや誤解を防ぐためには、**物事を明確に言葉（や図）にして伝えるよう意識する**ことも大切です。日本社会は「**ハイコンテクスト社会**」だと言われています。コンテクスト（context）とは、日本語で言うところの「空気」に近いニュアンスです。日本社会では、話し手にコミュニケーションのスキルがなくとも、聞き手が"空気を読んで"話し手の意図を察し、お互いに「ナアナア」でなんとなく意思が通じたと思っていることが少なくありません。

　しかしこれは、**実際にはほとんどが幻想**です。「空気を読んだ」聞き手の頭の中にあるイメージと、話し手の頭の中のイメージを比べてみれば、ヌケモレがあるくらいならまだマシで、まったく違っていることも珍しくないはずです。きっと、みなさんにも思い当たる経験があるでしょう。

　こうした文化的な背景があるため、日本人には一般にコミュニケーションスキルが不足しています。そのため、さらにコミュニケーションに苦手意識を持ち、明示的な説明を避けて「空気」に逃げ込み、「相手のほうがうまい具合に解釈（忖度）するべきだ！」と甘える悪癖がある、と言えるでしょう。

　しかし、前項で見たように、システム外注ではただでさえ伝達ミスや誤解が生じやすいのですから、こんなコミュニケーションではまともな成果物を手にすることは望めません。**空気を読む文化のない外国のエンジニアを使ってのオフショア開発であればなおさら**です。

　たとえコミュニケーションに苦手意識があったとしても、少なくともシステム外注に関する部分では、すべてを明文化、あるいは図表化して伝えることを基本ルールとしてください。

# 日本的コミュニケーションは危険

● 空気の読み合いは誤解を温存する

※「空気」に依存したコミュニケーションでは、最後までお互いに誤解したままになることも珍しくありません。

● 相手の忖度を待つのも時間の無駄！

しっかり言葉に出して伝えれば、一瞬で次のステップ（この場合にはどのパンを選ぶか議論する段階）に進めるでしょう。

Engineering SAMURAI のアドバイス

システム開発では、小さな誤解が大惨事を引き起こしかねません。すべてを明示しましょう。

# 「上から目線」は命取りになりかねない

### 売り手市場であることを忘れてはいけない

#### 🔍 その後の契約をベンダーに断られることも普通にある

　筆者はシステム外注の失敗例を多く見てきていますが、そうした失敗例では、発注者が「お客様は神様だ」的な態度をとっていることが少なくありません。金を支払う側が圧倒的に偉いという態度です。

　しかし、**資本主義社会においては本来、売り手と買い手は対等の立場**です。ベンダーが提供するサービスと、顧客が支払う対価が釣り合っているからこそ契約が成立するのであり、仮に顧客が支払う対価のほうが大きいと思うのなら、そのベンダーとの契約をやめればいいだけです。

　それなのに、発注者がベンダーを下に見て、上から目線で接し続けていると、ベンダーとの関係はギスギスしたものになってしまいます。たとえベンダーの営業担当者が表面的にはペコペコ対応していても、ベンダーだって発注者を常に値踏みしているのを忘れてはなりません。

　特に、昨今は国内外を問わず慢性的なエンジニア不足です。**ベンダーに有利な「売り手市場」**ですから、発注者側の態度があまりにひどいと、ベンダー側から信頼関係の欠如などを理由にして受注を断られたり、その後の運用保守契約を拒否されたりすることもあります。

　そんなことになれば、発注者は自分では開発や運用保守はできないのですから、大きなダメージを負ってしまいます。時代遅れの「上から目線」は危険ですから、そういう態度は絶対にとらないようにしましょう。

#### 🔍 お互いに気持ちよく働けるように

　**発注者は、ベンダーを対等な立場のパートナーとして考える**こと。
　今後のシステム外注では、こうした視点を持てないとプロジェクトを成功させられませんし、トラブルを防ぐこともできません。

# Chapter 4

発注者とベンダーのすれ違いを防ぐ

##  発注者のひとり勝ちはありえない

資本主義社会では競争原理（神の見えざる手）が働くので、何事も均衡点に落ち着くのが原則です。

発注者はいちばん安い見積額を提示するベンダーを求める

ベンダーはいちばん高い報酬を支払う発注者を求める

● 発注者が「ひとり勝ち」する場合

高い金を払っているんだから、アレもコレもすぐにやれ！

…はぁ、そうですか

もっと高い金を払ってくれる発注者に乗り換えよ…

 Engineering SAMURAI のアドバイス

売り手市場では、発注者がきちんと対価を支払うことで、ようやくベンダーと対等になれます。

# 文系と理系の壁を越えて コミュニケーションする

### 感情的な摩擦に発展しやすいので注意する

## まずは違いを自覚することから

　日本社会では、文系と理系の間に大きな壁が存在しています。最近ではキャリアの流動化や学問の文理融合が進んでいるので、一概には言えない面もありますが、日本の会社組織では「文系人間は営業系、理系人間はエンジニア系」という棲み分けがある程度成立していると言ってもいいでしょう。**文系人間は右脳型の思考をする傾向があり、理系人間は左脳型の思考をする傾向がある**など、この2者では考え方や視点、感じ方などに大きな違いがあります（右図参照）。

　そして、システム外注においてもこの壁は存在します。一般にITの素人である発注者が文系で、ITの専門家であるベンダーが理系です。

　**発注者とベンダーの双方が、この文理間の厚い壁を自覚していないと、両者の間で感情的な軋轢（あつれき）が起きやすくなります**。お互いに相手の考え方や視点をイメージできないので、摩擦が起きやすいのです。

## 壁が完全になくなることはない

　発注者とベンダーとの間にそびえ立つこの壁を、なくすことはできるでしょうか？　残念ながら、以下のような理由から筆者は無理だと考えます。
1. 技術知識の乏しい文系人間には、理系の仕事の困難さを理解しづらい。
2. 発注者は「将来の理想」（ビジョン）を重視するのに対し、ベンダーは「目先の現実」（リスク）を重視するから（ベンダーは責任を回避したい）。
3. ベンダーは「痛くもない腹を探られる」のを忌み嫌（い）うため、発注者から一定の距離感を保つ傾向にあるため。

　壁はなくなりませんから、**発注者はその存在を自覚しつつも、その壁越しに、しっかりとベンダーに向き合う覚悟を持つ**必要があります。

# Chapter 4

発注者とベンダーのすれ違いを防ぐ

##  文理間の壁を自覚しよう

### 理系の特徴

**左脳型（論理優先）**
設計・研究・製造など

**リスク嫌い**
現実主義、完璧主義

**木を見て森を見ず（各論）**
ボトムアップ、具体的（現場・現物・現実）、読み書きが得意

**演繹法**
最初から順番に

- なぜ人の話を聞かない？
- 神は細部に宿る！
- 言うことをすぐ変えるな！
- 内部で難しい処理をしていて、変更の影響範囲が大きい！
- もっと報酬をよこせ！
- なんで、事前に明確に言わなかったの？
- 発注者は理解不能

### 文系の特徴

**右脳型（感情優先）**
営業・企画・販売など

**リスクテイカー**
ロマンチスト、合格最低点主義

**森を見て木を見ず（総論）**
トップダウン、抽象的（ただなんとなく）、会話が得意

**帰納法**
はじめに結論ありき

- もっとわかりやすく話せ！
- 細かい箇所にこだわるな！
- 物事は柔軟に考えろ！
- この程度の小さい修正がなぜパパッとすぐにできないの？　この役立たず！
- もっとマシな製品つくれ！
- 行間と空気を読め！
- ベンダーは理解不能

 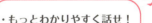

**Engineering SAMURAI のアドバイス**

**壁越しであっても、あきらめずにコミュニケーションする姿勢が重要です。**

# 「後出しジャンケン」はルール違反だと心得る

### 追加費用の発生やトラブルにつながる

#### 🔍 ベンダーにデスマーチをさせてしまう

発注者は、ベンダーに対して「後出しジャンケン」をしてしまいがちです。これは、**要件定義のフェーズで、ベンダーと発注者がシステム仕様に最終合意したにもかかわらず、あとになって事前に合意していなかった要件を追加すること**です。そのタイミングは、システム開発の完了直前や、甚(はなは)だしくはシステムの実稼働後である場合もあります。

ベンダーは、発注者と最終合意した仕様に従い、開発の費用や工数を見積って社内のエンジニアを確保しています。そのため発注者が途中で後出しジャンケンをし、仕様の追加をしてくると、その見積りが狂ってしまいます。ベンダー側での"デスマーチ"の始まりです。

後出しジャンケンを軽く考える発注者が多いのですが、ベンダーからすれば余計な人件費や時間がかかるわけですから、**追加費用の発生につながります**。またその程度があまりにも多く、追加費用の発生にも合意ができないときには、**裁判沙汰となってしまうケースも少なくありません**。

#### 🔍 ほとんどの原因は事前に防げる

発注者が後出しジャンケンをしてしまう原因は次のようなものです。
1. 仕様変更によりベンダーが受ける影響を軽視している。
2. 要件定義フェーズの段階で、自社の要件（TO-BE）を固めきれていない。
3. システムが実際に形になって、はじめてわかった問題点がある。
4. 上から目線でベンダーを下に見ている。
5. 担当者が「その場の思いつき」で要件を決めていた。　など

なかには避けがたい理由もありますが、余計なトラブルを避けるためにも、**原則として後出しジャンケンはルール違反だ**と心得ておきましょう。

# Chapter 4

発注者とベンダーのすれ違いを防ぐ

# 「後出しジャンケン」と「ちゃぶ台返し」

## ●「後出しジャンケン」は邪道

本来、ベンダーに外注するシステムの要件は「要件定義フェーズ」で固めておくべきですが、実際にはその段階で要件を100%定義するのは困難であり、ヌケモレが生じることが多々あります。その場合、「後出しジャンケン」的に要件の追加をせざるを得ないことがあります。

本来は事前に決めておくべきものですから、追加費用がかかりますし、変更の内容や頻度が多いとトラブルにもなります。

## ● さらに悪質な「ちゃぶ台返し」

要件の追加どころか、これまでの仕事をご破算にする「ちゃぶ台返し」をすると、そのプロジェクトは大炎上します。

Engineering SAMURAI のアドバイス

**システム外注には、リセットボタンはありません。**

# ベンダーは技術の専門家だが、発注者の業務には詳しくない

### 新入社員を教えるように、ベンダーを教育しよう

## 業種特化型のベンダーでも、基礎知識ぐらいしか持っていない

　発注者は、「ベンダーはシステム開発に必要な知識をなんでも知っている」と考えてしまいがちです。実際には、これは半分正解で、半分は誤りです。

　ベンダーは技術（IT）に精通しているのは間違いないでしょう。しかし**ほとんどのベンダーは、発注者の業務については「生まれたての赤子」のように何も知りません**。ベンダーにもいろいろとあって、ある特定の業種に特化しているベンダーもいます。そうした業種特化型のベンダーであれば、その業種全般に通用する汎用的な知識くらいは持ち合わせているでしょう。しかし、それも新入社員レベルだと思ったほうが安全です。

　どんな業界でも、「業務フロー（AS-IS）」には企業ごとの個性があります。業種特化型のベンダーであっても、そうした個別企業ごとの業務内容は、外部からは知りようがないのです。

## 事前に教育をすることで、成果物の精度も高まる

　だとすると、**発注者はシステム開発を外注するにあたって、ベンダーを事前に"教育"する必要があります**。

　ありがちなのが、この教育のステップを飛ばして、いきなり要件定義フェーズを開始してしまうこと。これでは、ベンダーが発注者固有の業務の内容をよく理解していない状態のまま、要件定義を行うことを強いられます。結果、要件定義の精度（実効性）が大幅に低下してしまうのです。

　面倒でも、**発注者がベンダーに対して、自社の現状（AS-IS）をレクチャーする「勉強会」の機会を設ける**ようにしましょう。それだけで、多くのトラブルの発生を未然に防げるはずです。

Chapter 4
発注者とベンダーのすれ違いを防ぐ

## 🔖 最初のステップはベンダーの教育

システム開発に関連する知識の構造

- 業界の一般知識
- 発注者に特有の業務知識（AS-IS）
- 技術知識（IT）

真っ先に自社のAS-ISを教えることが重要です

御社のAS-ISについては何も知りません！

※正式なNDA契約（守秘義務契約）を結ぶまでは、当然、ベンダーは発注者のAS-ISを知りようがありません。もし知っていたら、機密情報を事前に盗み見ていたことになります。

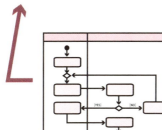

AS-IS分析において作成した「業務フロー図」を使ってベンダーを教育します

AS-ISの教育プロセスが終了して、はじめてベンダーの開発準備が完了する、と考えましょう。

Engineering SAMURAI のアドバイス

知らないことは、うまくやりようがありません。当たり前のことです。

# 「嵐の前の静けさ」を警戒する

### 都合が悪いときほど人は黙り込む

## 🔍 便りがないのは悪い知らせ!?

発注者は、ベンダーから報告がないことを「特に問題がない」からだと考えがちです。しかし、システム外注はそう簡単ではありません。ベンダーが報告をしてこない理由として、以下のようなケースが考えられます。

1. 発注者に突っ込まれたくないような重篤な問題が密かに発生している。そのため迂闊に報告ができず、弁解の内容を慎重に検討している。
2. 重篤な問題が生じているのにもかかわらず、実力が不足しているためにベンダーが問題として認識できず、見逃してしまっている。
3. 「藪をつついて蛇を出す」こと(藪蛇)を避けたいと思っている。
4. 発注者への報告を面倒臭いと思っている(精神的負荷が大きい)。

いろいろな理由がありますが、**ベンダーは発注者が思っている以上に、進捗状況や懸案事項などを発注者に報告したくない、と思っているもの**です。そのため、**発注者はリスクマネジメントのために、進捗状況や懸案事項などの情報を自らとりに行く姿勢を持つべき**でしょう。

特に、1.や2.のように大きな問題が発生しているときほど、ベンダーは黙り込む傾向があります。しばらくベンダーからの連絡がないなと思ったら、むしろ危機感を感じて、積極的に情報をとりに行ってください。

## 🔍 呑みニケーションの活用も検討する

さらに、**普段からベンダーとのコミュニケーションを緊密にしておけば、何か問題が生じたときにもすぐわかりますし、会話を交わすことでお互いのわだかまりを解き、ストレスを解消する効果があります**。

ケースバイケースで「呑みニケーション」なども活用し、ベンダーとの交流を常に深めるようにすることも、発注者の仕事のひとつです。

# Chapter 4

発注者とベンダーのすれ違いを防ぐ

##  ベンダーの基本姿勢は「沈黙は金」

発注者

ベンダーから何も言ってこない…ということは、万事OKということだな。このまま丸投げで任せっきりにしておこう。仕事がなくてラクチンだ！

ベンダー

プロジェクトが大炎上…なんて言い訳しよう…

とはいえ、いまさら迂闊なことも言えない…しばらく沈黙を保とう…

窮地に陥ったベンダーは、「言質をとられる」恐れがある会話を極力避けようとします。発注者側から、根掘り葉掘り「ほじくり出す」くらいの姿勢でコミュニケーションすると、ちょうどよいでしょう。

Engineering SAMURAI のアドバイス

ベンダーの沈黙に気づいたら、自分の中で警戒信号を鳴らすようにしてください。

# 発注者が本音を開示してこそ、ベンダーも本音を話す

**まずはこちらから歩み寄ること**

## 🔍 請負契約の場合には特に顕著

　日本人の精神性の一部には、「触らぬ神に祟りなし」という考え方があると感じます。しかし、「触らぬ神」は祟ることはないかもしれませんが、ご利益をもたらしてくれることもありません。

　システム外注では、発注者とベンダーが共同で作業を進めます。この際、特に後述する「請負契約」を交わしていると、発注者がベンダーに支払うシステム開発代金があらかじめ固定されます。

　当然、**ベンダーは余計な仕事を一切増やしたくないと考える**ので、できるだけ「触らぬ神に祟りなし」と決め込んで、あまり発注者とコミュニケーションをとろうとしない傾向が強くなります。

## 🔍 ぶつかり合ってこそ、いいものができる

　このように、システム外注では発注者よりもベンダーのほうが無口になることが多いため、**発注者はガードが堅いベンダーから、上手に本音を引き出してコミュニケーションする**必要があります。

　そのためには、**まずは発注者の側から本音を開示すること**。自分がまず本音を出すからこそ、相手も本音を出します。これは、心理学の「**返報性の原理**」でも裏づけられている方法です。

　本音を出すと軋轢が生じることもあるかもしれません。しかし、発注者とベンダーは「雨降って地固まる」、「喧嘩するほど仲がよい」くらいがちょうどよい関係性なのです。結果としてよりよいシステムを、より円滑に開発できるようになるでしょう。

　ある意味、「喧嘩」というのもお互いに腹を割ったコミュニケーションの一手段なのです。本当に仲が悪いと、喧嘩ではなく無視になります。

# Chapter 4
発注者とベンダーのすれ違いを防ぐ

##  心理学的な手法が役に立つ

### ● アンガーマネジメント

システム開発のプロジェクトでは、ベンダーの作業遅れによるスケジュール遅延や、バグの発生など、発注者がベンダーに怒りたくなる場面がよく起こります。しかし、怒りをストレートに表現してしまうと、その後の円滑なコミュニケーションを阻害するため、ビジネスの現場では怒りをコントロールする術を学ぶ必要があります。

**基本のポイント**
- 一般的な怒りの持続時間は6秒程度なので、イライラしたときには6つ数えてから話す
- 怒りを感じたときには、「〜であるべき」という固定観念にとらわれていないか自問自答する
- 怒っても変えられないことは、極力受け流す ……など

### ● 返報性の原理

先に自分の内面を開示すると、相手も同じように内面を開示することが、心理学の実験などによって確かめられています。

当社は本音の65%を開示します

では、当社も本音の65%を開示します

Engineering SAMURAI のアドバイス

ベンダーとうまくつき合うために、発注者は自己開示とアンガーマネジメントに努めましょう。

# ベンダーの本音を引き出す雰囲気づくりも大切

## ベンダーのメンタルブロックを打破すべし

### 🔍 各種のビジネスコミュニケーションのスキルが役立つ

　よりよいシステムを開発するには、発注者とベンダーが本音でコミュニケーションをとることが大切です。しかし、前項や前々項でも指摘したように、ベンダー側のエンジニアは往々にして自分の殻に閉じこもり、発注者と必要以上のコミュニケーションをとろうとしません。

　発注者から見ると、その様子はまるで、天の岩戸に閉じこもった天照大神のようです。これは、**ベンダー側に「メンタルブロック」が存在している状態**とも言えます。

　発注者とベンダーがもっと率直に話し合うことができれば、より使いやすいシステムを、無用なトラブルを避けながら開発することができるのですから、発注者はベンダーがメンタルブロックを越えて、ストレスなく自分の意見を開陳できる雰囲気づくりに努める必要があります。

　具体的には、**職場での「挨拶」「雑談」「報連相」「ブレインストーミング」「レビュー」「フィードバック」といったビジネスコミュニケーションを奨励する**ことで、そうした雰囲気づくりの助けとなるでしょう。

### 🔍 プロの力を借りるのも手

　また、神話では岩戸隠れの際、思兼神という指揮役が天宇受賣命という"ドンチャン騒ぎ"の専門家の力を借りて、天照大神が様子を見たくなるような雰囲気づくりをしました。ほかにも、岩戸を強引に動かす役割の手力男命など、さまざまな「専門家」の神々に力を借りています。

　発注者単体でベンダーのメンタルブロックを緩和できれば、それが理想なのですが、もし難しいようであれば、神話を見習って**筆者のような外部のITコンサルタントなどの力を一時的に借りるのも大変役立つ**でしょう。

# Chapter 4

発注者とベンダーのすれ違いを防ぐ

##  意識したいビジネスコミュニケーション

1. 挨拶の励行
2. 何気ない雑談（ワイガヤ）をする
3. ホウレンソウ（報告・連絡・相談）の徹底
4. ブレインストーミング
5. レビューやフィードバックに努める
6. 「呑みニケーション」の実施
7. 外部の専門家の活用

……など

さまざまな手法を駆使して、お互いに本音を話せる雰囲気をつくろう！

Engineering SAMURAI のアドバイス

ベンダーが引きこもりがちな理由を、ひとつずつ潰していく意識を持ってください。

# 丸投げするとプロジェクトの主導権を奪われる

## 特に要件定義は必ず自分で行うこと

### 🔍 ベンダーは言われた仕事しかしない

システム外注のプロジェクトでは、発注者は「**ベンダーは本質的に指示待ち人間にならざるを得ない**」という点をしっかり意識するようにしましょう。前述したように、特に請負契約の場合、売上額が固定となるためにベンダーは余計な仕事（面倒事）を増やしたくないもの。下手に空気を読んで、気を利かせて追加した機能が障害を起こしたら、その障害を解決しなくてはいけないのもベンダーです。

ベンダーは、合意した要件を満たす以外の仕事はしないものだと心得て、彼らに仕事を依頼するようにしましょう。明記された仕事のみを依頼・受託するこうした形式を、「**ホワイトリスト方式**」と呼ぶこともあります。

### 🔍 最低限、要件定義は発注者が行うこと

ただしこのとき、**発注者はシステム開発に関する仕事を、なんでもかんでもベンダーに丸投げしてはいけません**。発注者が行える仕事までベンダーに依頼すれば、当然、ベンダーに支払う金額も高くなります。システム運用開始後のベンダーへの依存度も高くなってしまいます。

また、ときには発注者しか決めることができない「要件の定義」までベンダーに丸投げしてしまうケースがありますが、これも絶対にやめてください。ITの専門的な仕事をベンダーに依頼するのは自然なことですが、要件定義までベンダーに丸投げしてしまうと、ベンダーが無茶苦茶なシステムを開発した場合でも、発注者は文句を言えなくなってしまいます。

**本来、発注者が責任をもって遂行すべき職務までベンダーに丸投げしてしまうのは、ベンダーに主導権を奪われてしまうのと同義**です。この重大な事実に、無自覚とならないように気をつけたいものです。

Chapter 4
発注者とベンダーのすれ違いを防ぐ

#  きちんと指示することが大切

## ● ベンダーは「指示待ち」するのも仕事

次の指示を入力してください

入力があるまでは待機状態となります

- 行う作業にはすべてコストと時間がかかる
- 請負契約の場合は、作業が増えてもベンダーの報酬は増えない
- 気を利かせて勝手に作業を進めたら、かえって困ることも多い

**よくある失敗パターン**

✗ あいまいな指示をする
✗ 的外れな指示をする  → 想定と違う成果物ができ上がる
✗ そもそも指示をしていない → ベンダーがしびれを切らしてフライング作業を行う

いずれの場合でも、成果物の内容や費用負担についてトラブルになりやすいです。

Engineering SAMURAI のアドバイス

きちんとした指示さえすれば、ベンダーはその実力をフルに発揮してくれます。

87

# 自分の仕事を放棄しているとベンダーに囲い込まれる

## 丸投げすると「ベンダーロックイン」に一直線

### 🔍 IT素人の発注者は丸投げをしがち

　前項で述べたように、発注者がシステム開発の要件定義まで含めてベンダーに丸投げしてしまうと、そのプロジェクトの主導権は完全にベンダーに移ります。とはいえ、**実際には丸投げは、IT素人の発注者がやりがちな過ち**です。そうした丸投げの依頼を受けたときのベンダーの対応は、主に以下の2パターンに分かれます。
1.「それは御社の分担です」と反論して、丸投げを拒絶する。
2.「YESマン」に徹して、仕事の丸投げをそのまま受け入れる。
　一見、前者のベンダーよりも、丸投げを受け入れてくれる後者のベンダーのほうが良心的に思えるかもしれませんが、それは真逆です。

### 🔍 そのベンダー以外の選択肢がない状態にされる

　**発注者がベンダーに丸投げした仕事は、発注者のコントロール（監視）から外れます。**その時点で、その仕事はベンダーの「治外法権」（＝やりたい放題）になると心得ましょう。
　たとえば発注者にとってのよりよいシステムではなく、ベンダーにとってラクに開発できるシステムが選択されます。また、不要な機能をたくさん加えることで、その分の開発経費を多く請求されがちです。しかし、発注者にはシステムの要件もよくわかっていませんから、何か問題があればそのベンダーに頼らざるを得ません。運用保守の契約条件が悪くとも、他のベンダーへの乗り換えも困難です。それを見込んで、相場より高い代金を請求してくることも考えられます。
　このように、ベンダーが発注者を囲い込むことを「**ベンダーロックイン（Vendor Lock-In）**」と言います。くれぐれも気をつけることです。

Chapter 4
発注者とベンダーのすれ違いを防ぐ

## 恐怖のベンダーロックイン

発注者:「何もかもすべて任せたよ！あとは知らん！」

※自分のお金ではなく会社のお金で開発しているという「当事者意識の欠如」から、発注者は丸投げをしがちです。

ベンダー:「そ、そんな無茶な！一体どうすればいいんですか!?」

しかし、本心では……？

ベンダー（本心）:
- 「しめしめ、丸投げされたってことは、主導権はもうこっちのもんだ。あとはやりたい放題！」
- 「ここまで丸投げしてしまえば、いまさら他のベンダーに乗り換えることもできまい！」
- 「次回以降は法外な見積額をふっかけてやるぜ！！」

※要件定義までベンダーに丸投げしてしまうと、発注者にはシステムがどうなっているのか、まったくわからなくなります。

ベンダーに囲い込まれてしまったことが、あとになって判明した場合、責任を問われるのは発注者側の担当者です。きちんと当事者意識を持つようにしましょう。

Engineering SAMURAI のアドバイス

**いったん囲い込まれてしまうと、そこからの脱出には手間と時間、費用がかかります。**

# 37 ベンダーは発注者の映し鏡だと思って接すること

### 協力してほしいのなら、こちらが先に協力する

## とらんと欲する者はまず与えよ

前述した心理学の「返報性の原理」は、「人は他人に何かをされると、それ相応のものを返したくなる」という考え方です。この返報性の原理は、さらに「好意の返報性」と「悪意の返報性」に大別されます。他人から好かれていれば、自分もその他人を好きになり、他人から嫌われていれば、自分もその他人を嫌いになるというわけです。

この**「返報性の原理」は、システム外注における発注者とベンダーの関係にも当てはまります**から、意識しておくと役立つでしょう。

発注者は、ベンダーに対していろいろと求めがちです。しかしその前に、発注者もベンダーに"与えて"いるでしょうか？　発注者がベンダーに与えるべきものは、システム開発の代金に留まりません。返報性の原理を考慮すれば、発注者がベンダーに対して最大のパフォーマンスを求めるのであれば、**発注者もベンダーに対して、業務を遂行するうえでの有形無形のサポートを実施する**ことが重要となります。むしろ、与えている以上を求めてはならない、と言うことさえできるでしょう。

## ブラックリスト入りすると外注自体が困難になる

発注者はベンダーを選ぶ立場ですが、同時に、ベンダーから選ばれる立場でもあることを忘れないようにしましょう。本当にイヤな発注者であれば、ベンダーはシステム開発を引き受けません。つまり、**発注者は最低でも1社のベンダーに"選んでもらえる"程度には好感度を維持しないと、システム外注自体が不可能となります**。

ベンダー同士には横のつながりもあるため、いったん「ブラックリスト入り」した発注者は、外注先を探すのが困難となります。要注意です。

# 目の前の相手は己の「映し鏡」

● ベンダーは、あなたが対応したように対応します

実はこういうこと

心理学の返報性の原理によって、人は好意を向けられれば好意を返し、悪意を向けられれば悪意を返します。他人ではなく鏡に向き合っているつもりでベンダーに対応すると、よい関係を築けます。

Engineering SAMURAI のアドバイス

発注者にベンダーがひどく見えるとき、発注者もそのベンダーにはひどく見えているものです。

# 役割分担を明確にして グレーゾーンを減らす

### 「発注者が決定し、ベンダーが動く」という二人三脚

## 🔍 "宙ぶらりん" は責任の所在が曖昧になる

システム開発では行うべきタスクが山ほどあります。しかし、そこに発注者とベンダーの役割分担が明確ではない「グレーゾーン」が残っていると、そのグレーゾーンに位置するタスクのやり残しが、のちのち大きな問題となりがちです。

そうした "宙ぶらりん" を防ぐために、**発注者とベンダーとの役割分担をできる限り明確にし、作業のヌケモレを防ぐように意識しましょう。**

## 🔍 成果物の質が低いのはインプットの質が悪いから

その際、発注者とベンダーの役割は、大まかに以下のように分かれていると考えてください。

1. **発注者は依頼内容を決めてベンダーを先導し、適宜、成果物をチェックしてフィードバックを行う役割**
2. **ベンダーは発注者が決めたことを実施する役割**

ベンダーの仕事のQCD（品質、コスト、納期）は、発注者による決断の速度と正確さに大きく左右されます。

前述したように、基本的にベンダーは物事を主体的に決めて、勝手に動くことはありません。ベンダーは発注者に言われたとおりの仕事をする存在です。

ベンダーがアウトプットした成果物の質が低いのを、ベンダーの実力不足のせいにする発注者がいますが、上記の役割分担を考慮すれば、それは発注者からのインプットの質が悪かっただけ、という可能性が大きいのです。まさに「GIGO」です。

心当たりのある人は、胸に手を当てて反省しましょう。

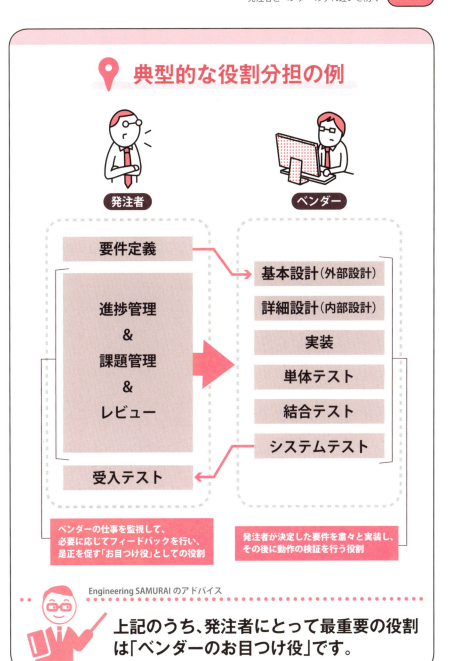

**COLUMN コラム**

## ベンダーと揉めそうになったときに読みたい1冊

　本章では、発注者とベンダーとの間に軋轢を生じさせないための方策に焦点を当てました。

　代金を支払う側と代金を受け取る側という決定的な立場の違いがあるため、発注者とベンダーとの間には何かと諍（いさか）いが生じがちです。こうしたノウハウを駆使して、トラブルを防止して上手にやっていきたいものです。

　その際に参考になる1冊として、『火星にいった3人の宇宙飛行士』という絵本を紹介しましょう。

　この物語には、アメリカ人とロシア人と中国人の宇宙飛行士3人が登場します。彼ら3人は火星に到着するのですが、言葉が通じぬこともあり、互いが互いのことを信用できずに疑心暗鬼の状態です。むしろ、憎しみ合ってさえいます。ネタバレになってしまうのでこれ以上は解説しませんが、そんな状況から、彼らの心のわだかまりが解けていくプロセスを描いた物語です。

　**システム外注においても、発注者とベンダーの両者は、ともに「よりよいシステムを開発したい」という想いを共有しています。** その想いに至るまでのアプローチが、発注者とベンダーとでは異なるにすぎません。

　ベンダーと揉めそうになったとき、この物語を読んでもらうと、ヒントが見つかるかもしれません。

ウンベルト・エーコ著、エウジェニオ・カルミ絵（六耀社）

No. 39〜51

Chapter 5

# 発注者が主体的に行うべき仕事を押さえる

システムの開発作業自体は外注できても、発注者が自分でやるべき仕事はたくさんあります。本章では、それらの業務内容について具体的に解説していきます。

# 発注者が"やるべきこと"は法律や判例で決まっている

## 発注者にしかできない「丸投げ不可」の仕事が多い

### たとえ知らなくても法的義務がある

　発注者からベンダーへの丸投げが発生しがちな理由は、必ずしも発注者が仕事をサボってベンダーに押しつけたい、というものではなく、そもそも発注者が何をすべきなのかわかっていない、知らない、というケースが多いです。当然ですが、知らないことはやりようがありません。

　しかし、第6章でも後述しますが、**システム外注時の「発注者の責務（＝発注者がすべき仕事）」は、契約に関する法律や過去の民事裁判の判例で事前に決まっている要素が多く、「知らなかった」ことは理由になりません。**

　発注者は、たとえITの素人でも「発注者の責務」を十分に理解する必要があるのです。

### ベンダーへのインプットのために各種資料を作成しよう

　システム外注の現場では、発注者がベンダーに対してアウトプットを要求している成果物の量に比べて、発注者がベンダーにインプットする情報の量が少ないことがよくあります。ひどい場合には、発注者がドキュメント（書類）をほとんど作成せず、ベンダーとの打ち合わせでもその場の"思いつき"を口頭で説明するだけで済ませてしまうことがあります。

　こんな状況では、当然ながら発注者の説明が二転三転するため、ベンダーに対するインプットもブレブレになってしまいます。結果、ベンダーからアウトプットされる「システム」もブレブレとなるでしょう。

　しかるべきアウトプットのためには、しかるべきインプットが必須です。そのためには、**ベンダーに提供するさまざまなドキュメント、つまりは「成果物」を、発注者自身も作成せざるを得ません**（右図参照）。こうした成果物の作成が、上述した法的な責務を果たすためにも必要となります。

**Chapter 5** 発注者が主体的に行うべき仕事を押さえる

##  発注者が作成すべき成果物

### 超上流工程

- 新システム企画書
- 業務フロー図
- 要件定義書※
- RFI
- RFP

### 「ベンダーのお目つけ役」工程

- 進捗管理表（WBS）
- 課題管理表
- UXテスト用チェックリスト
- レビュー用資料（アジェンダと議事録）

### 受入テスト工程

- 受入テスト用チェックリスト
- 「社内説明会」用資料
- システム運用マニュアル

上図は主なものだけを示しています。発注者も、ベンダーと同じくらいに、さまざまなドキュメントを作成する必要があるのです。

 **Engineering SAMURAI のアドバイス**

たとえば「新システム企画書」は、経営者に向けた「投資目論見書」です。

※「要件定義書」の作成にはITの専門知識を要するため、基本的にはベンダー側が作成するケースが多いです。しかし、システム要件の最終的な決定（承認）ができるのは発注者だけですから、発注者がレビュー等に積極的に関与する必要があります。

97

# 「新システム企画書」で自社内での合意を固める

**何事もはじめが肝心**

## 目的とコストパフォーマンスを明確に示す

　新システムを外注して開発する前には、社内で企画を立てて、経営者の承認を得る必要があります。それができないと予算の確保ができません。

　加えて、その際に企画書をしっかりと作成することで、のちほど各ベンダーに提示することになるRFP（提案依頼書）の大枠も固められます。経営者向けの「**新システム企画書**」と、ベンダー向けのRFPは、内容的に重複する箇所が多いからです。

　特に両者に共通して重要になるのが、**新システムの「目的」と「コストパフォーマンス（投資対効果）」**です。新システムの開発には巨額の予算を要しますから、それだけの投資に見合う「効果」が明確でなければ、経営者はそのプロジェクトを承認しないでしょう。またシステム外注先のベンダーに対しては、経営者が期待するような効果を、確実に実現できるシステムを開発してもらう必要が出てきます。その効果を測る判断基準として、目的の達成度を示す**KPI（Key Performance Indicator：重要業績評価指標）**も設定しなければなりません。

　社内の企画書の段階で、こうしたポイントを押さえることができていれば、外注先のベンダーに対して**目的を明確に説明する責任（アカウンタビリティ）**を、スムーズに果たすうえでの助けともなります。

## ポイントは「経営者を巻き込める」かどうか

　企画の成否は、"経営者を巻き込む"ことができたかどうかに集約されます。企画案で示された目的や効果が具体的で、現実味があれば、経営者のモチベーションは上がります。**経営者さえ乗り気になれば、トップダウンで現場社員も巻き込むことが可能になります。**

**Chapter 5** 発注者が主体的に行うべき仕事を押さえる

# 「新システム企画書」のポイント

## ● パフォーマンス（目的の達成度）とコストを数値で示す

経営者は、「新システム企画書」を精査して、システム開発への投資を実行すべきかどうか判断します。その判断はコストパフォーマンス（＝パフォーマンス÷コスト）によってなされるため、発注者側担当者は、コストパフォーマンスを見積るのに必要な要素を、ヌケモレのないよう「新システム企画書」に盛り込む必要があります。

**パフォーマンス**

目的
例：受注から出荷までのプロセスの改善

→ 数値に変換 →

達成度の指標（KPI）
例：
・機会損失の回避（毎月200万円の売上UP）
・コスト削減（毎月100万円の経費DOWN）
・必要人員の削減（10人→5人）
・納期の短縮（30日→10日）　…など

投資のコストパフォーマンス ＝ パフォーマンス / コスト

**コスト（費用）**
・システム開発代金（金額）
・作業工数（時間）
・必要人員（人数）　…など

多少、無理矢理にでも必ず数値化すること！

## ● 盛り込むべき主な要素

| 大項目 | 小項目 | 説明 |
|---|---|---|
| システム開発の方針 | 目的 | 新システムで実現したい「夢」をひと言で表現する。 |
| | 背景 | 新システムを必要とする理由（経緯）を示す。 |
| | 方向性 | 開発プロジェクト進行の大まかな流れを示す。 |
| 現状（AS-IS）の分析 | 業務フロー図 | 現行の業務フローを示す。 |
| | 課題 | 現在の業務上の課題を列挙する。 |
| 理想形（TO-BE）の提案 | 業務フロー図 | 理想形の業務フローを示す。システム化の範囲も明示する。 |
| | 業務上の要件 | 新システムが充足すべき業務上の要件を記す。 |
| システム開発の計画 | スケジュール | ベンダー選定を含むシステム開発のスケジュールを記す。作業進行上の重要なイベントの日付（マイルストーン）も明示する。 |
| | 体制 | プロジェクト推進の体制を示す。担当部署や担当者も明示する。 |
| 新システムの構想 | 新システムの概要 | 新システムがどういうシステムなのか、大まかに示す。 |
| | 新システムの機能 | 新システムが備えるべき機能の一覧を列挙する。 |
| コストパフォーマンス分析 | 開発予算 | 新システム開発に必要なコスト（金額、人員、時間など）を記す。 |
| | 新システムの効果 | 新システム導入によって得られる効果を「Before/After形式」で示す。極力、数値で示すこと（金額、人員、時間など）。 |
| | 分析結果 | 「効果／コスト」の結果がどの程度かを示す。 |

Engineering SAMURAI のアドバイス

**システム開発も企画から始まります。最初の段階でトップをしっかり巻き込みましょう。**

# 自社のAS-ISを「業務フロー図」にまとめる

### 現状の見える化を確実に行うべし

## 🔍 口頭で説明するのは不可能

　第1章でも説明しましたが、システム外注を行う際には、まず自社の現状（AS-IS）を整理する必要があります。そのためのツールが「業務フロー図」です（一般的には、業務フロー図は第2章で紹介した「UML」のうちの「アクティビティ図」で作成します。いわゆる「フローチャート」です）。

　当然、自社業務に精通しているのは発注者にほかならないので、**発注者が主体性と責任をもって、この業務フロー図を作成する必要があります。**

　繰り返しになりますが、この作業をサボって口頭のみの説明で済ませようとするのは絶対にNGです。業務フロー図を実際に作成してみればわかると思いますが、業務に登場する「登場人物（部署や担当等）」、「データ（紙冊子や電子ファイル等）」、「条件分岐」、「例外処理」などは多岐にわたり、**業務の現状（AS-IS）を誤りやヌケモレなく口頭で説明しきるのは不可能**だからです。

## 🔍 現状の分析は、業務の棚卸しができるチャンスでもある

　業務フロー図を作成するのは骨が折れる作業ですが、前向きに捉えるようにしましょう。**業務フロー図を作成する過程では、自社が行っている業務の「棚卸し」ができる**というメリットもあるからです。

　自社の業務といっても、実際には自分の担当分野以外のことはあまり知らないものです。全体を分析して業務フロー図に落とし込むことで、これまでは気づかなかった作業の重複や形骸化などの"ムダ"が見つかるでしょう。あるいは、業務が集中しすぎている箇所が見つかるかもしれません。

　つまり、**システム化を実現する前の段階で、社内の業務効率アップの余地を見つけられる**のです。

# Chapter 5

発注者が主体的に行うべき仕事を押さえる

## 事例② 業務フロー図

製造業の企業が、「顧客からの注文を受けて、在庫の製品を出荷する」場合の例を示します（わかりやすくするために、細部は単純化しています）。

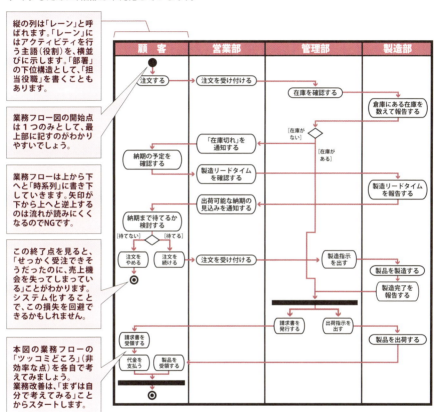

> 縦の列は「レーン」と呼ばれます。「レーン」にはアクティビティを行う主語（役割）を、横並びに示します。「部署」の下位構造として、「担当役職」を書くこともあります。

> 業務フロー図の開始点は1つのみとして、最上部に記すのがわかりやすいでしょう。

> 業務フローは上から下へと「時系列」に書き下していきます。矢印が下から上へと逆上するのは流れが読みにくくなるのでNGです。

> この終了点を見ると、「せっかく受注できそうだったのに、売上機会を失ってしまっている」ことがわかります。システム化することで、この損失を回避できるかもしれません。

> 本図の業務フローの「ツッコミどころ」（非効率な点）を各自で考えてみましょう。業務改善は、「まずは自分で考えてみる」ことからスタートします。

### ● 業務フロー図内で使う記号の凡例（一部）

| 記号 | 名前 | 説明 |
|---|---|---|
| ● | 開始 | 業務フローの開始点。通例、図中に1つのみ用います。 |
| ◉ | 終了 | 業務フローの終了点。条件によって終了状態が分岐する場合、図中に複数の終了点がありえます。 |
| ▭ | アクティビティ | 担当者が実際に行っている活動（作業）を指します。 |
| ◇ | 条件分岐 | 条件に応じて、業務の流れが分岐することを示します。 |
| ▬ | 業務の枝分かれ・合流 | 業務によっては、複数の作業を同時並行で行う場合があります。そうした「並行作業」を表現するための記号です。 |
| → | 業務の流れ | 矢印の起点から終点に向かって業務が進行します。 |

…など

※インターネットで「UML」「アクティビティ図」で検索すれば、その他の凡例も確認できます。

# "システム化する範囲"を決定する

「要件（TO-BE）」の見える化を行うべし

## 範囲が広くなればなるほど、費用と時間がかかる

自社の現状（AS-IS）を整理して業務フロー図を作成したら、次は、「システム化の範囲」を決定します。業務フロー図に示されている **AS-IS のうち、どこまでをシステム化するか決める** のです（大雑把に言うと、「業務のシステム化」とは、これまで人力で行っていた作業をコンピュータ〔IT〕に処理させることです）。

その対象範囲を決定する際、「業務をなんでもかんでもシステム化しようとしてしまう」過ちに陥りがちですから、注意してください。

確かに、「業務のシステム化」の対象は広いほうが、より効率をアップさせられそうな気がします。しかし現実には、システムが処理すべき対象業務を広げるほどに、下記のような問題が噴出してきます。

1. **開発工数の増大に伴い、システム開発のコストや期間が増大する。**
2. **システムが複雑になり、運用保守の困難や使い勝手の悪化につながる。**

## システム化は業務改善の絶好のチャンス

発注者は「システムを人間に合わせる」という発想をしがちなのですが、実は **「人間をシステムに合わせる」発想のほうがうまくいくことが多い** のです。その点を意識して、システム化の範囲を決めるといいでしょう。

たとえば、**一般にコンピュータは定型処理は得意ですが、イレギュラーな例外処理は苦手** です。「年に数回しか行わず、手順が複雑な作業」までシステム化しようとすれば、そのニッチ（局所的）な作業のためだけにシステム開発のコストと期間を多大に要する可能性が出てきます。

また、**システム化は「標準化＋自動化＋効率化」とほぼ同義** です。属人性が強い業務こそシステム化し、ブレを最小化させるよう意識しましょう。

# Chapter 5
発注者が主体的に行うべき仕事を押さえる

## 事例③ TO-BEを見える化し、システム化範囲を明示した業務フロー図

前項の業務フロー図で示したAS-ISをもとに、「在庫管理の効率化」を目的として、システム化を実施した場合のTO-BEの業務フロー図の例を示します。

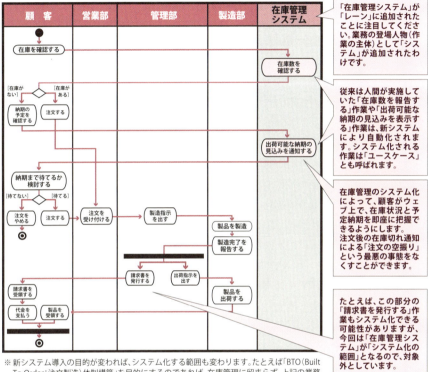

「在庫管理システム」が「レーン」に追加されたことに注目してください。業務の登場人物（作業の主体）として「システム」が追加されたわけです。

従来は人間が実施していた「在庫数を報告する」作業や「出荷可能な納期の見込みを表示する」作業は、新システムにより自動化されます。システム化される作業は「ユースケース」とも呼ばれます。

在庫管理のシステム化によって、顧客がウェブ上で、在庫状況と予定納期を即座に把握できるようにします。注文後の在庫切れ通知による「注文の空振り」という最悪の事態をなくすことができます。

たとえば、この部分の「請求書を発行する」作業もシステム化できる可能性がありますが、今回は「在庫管理システム」が「システム化の範囲」となるので、対象外としています。

※ 新システム導入の目的が変われば、システム化する範囲も変わります。たとえば「BTO（Built To Order：注文製造）体制構築」を目的にするのであれば、在庫管理に留まらず、上記の業務フロー内のほぼすべての作業をシステム化する必要があります。

### ● システム化する範囲を決定するポイント

| 「新システム企画書」との整合性 | 「新システム企画書」で定義した「目的」を果たすためにシステム化を行う必要がある作業を絞り込みます。「目的」と直接関係ない作業は、システム化の対象外にしましょう。 |
|---|---|
| QCDの向上度 | システム化することでQCD（品質、コスト、納期）が向上する度合いが大きい作業を絞り込みます。たとえば「ヒューマンエラー」が頻発する作業を自動化できれば、歩留りを低減できます。 |
| 作業の頻度 | 散発的に行う作業よりも、頻繁に行う作業を優先してシステム化します。<br>システム化の効果＝∑{（QCDの向上度）×（各作業の頻度）} という公式が成立します。 |
| 例外処理の有無 | 人間の高度な判断を必要とするイレギュラーな事態が頻発し、その都度、柔軟な対処を要するような作業はシステム化に適しません。システムが複雑になりすぎるからです。 |
| 成果の計測 | システム化による成果を明確に計測できない作業は、システム化に適しません。定量的な指標（数値目標）を設けられる作業を優先して、システム化しましょう。 |
| 作業の属人性 | 原則的に、「特定個人に依存している属人性の強い作業」はすべて悪です。業務全体のボトルネックとなるだけでなく、「適材適所」を阻害することから、優先的にシステム化すべきです。 |

# 43 ベンダーの情報を求める「RFI」を作成する

## 外注先候補のベンダーを書類選考するための資料

### 🔍 依頼するのはごく一般的な情報

外注先候補のベンダーを選定する前に、あらかじめ「**RFI**」を作成します。
この RFI は Request For Information の略称で、通常は「**情報提供依頼（書）**」と訳します。各ベンダーの実力を測るために、一定の情報について（複数の）ベンダーに提供を求めるドキュメントです。
この RFI で要求する情報は、おおよそ下記のとおりです。
1. ベンダーの企業情報（財務情報、社歴、社員数、組織体制等）
2. ベンダーの商材（ソフトウェアやサービスのアピールポイント等）
3. ベンダーの実績（得意な業種や技術、過去の開発事例等）

一般的には、ベンダーの会社案内や製品紹介パンフレット（以下「パンフ」と略す）に記載されているような情報が主となります。

### 🔍 わざわざドキュメント化するのには意味がある

このステップを省いて、単に「パンフをください」とベンダーにリクエストすればよいのではないか、と思う人もいるかもしれませんが、きちんと RFI を作成することには次のような意義があります。
1. 各ベンダーから入手すべき情報をモレなく洗い出せる（網羅性の確保）。
2. パンフは各社バラバラであるため、**入手する情報を標準化**できる。
3. 無難な一般論を避けて、**パンフ記載レベルの情報より"深掘り"できる**。
4. RFP 作成の際に RFI で入手した情報を使える。RFI の精度が高いほど、RFP の精度も高まる。
5. ベンダーを選定する際の判断材料のひとつになる。
6. 正式には RFP 提示後にベンダーを選定するが、RFI に対する回答の内容次第では、初期段階で特にひどいベンダーを"足切り"できる。

## Chapter 5
発注者が主体的に行うべき仕事を押さえる

#  RFIとRFPの違いとポイント

| 違い | RFI | RFP |
|---|---|---|
| 発行対象 | 一次選抜の対象とするベンダー(数は問わない) | 「RFI」を精査した結果、絞り込まれた外注先候補ベンダー(通例3〜5社) |
| 発注者側の目的 | 情報収集(最新の技術トレンドやRFP作成のための基礎情報の収集) | ベンダー選定 |
| 発注者の要件の提示 | 詳細な要件はベンダーに提示しない(NDA締結が不要な程度の情報開示)※ | 詳細な要件をRFPに記載(RFP発行前にはNDAを締結する必要がある) |
| 発行タイミング | 一次選抜(ベンダーとのファーストコンタクト) | 最終選抜 |
| ベンダー側の回答 | RFIで要求された情報。回答の自由度は高く、大雑把でもよい | RFPの要件(形式)に従った提案書。回答の自由度は低く、厳密さを要求される |
| ベンダー側の対価 | 原則、無償で回答する | 受注できれば売上を得られる(原則、失注ならば0円) |

※NDA＝秘密保持契約

● 「RFI」で提供を依頼すべき主な要素、および必ず提示すべき要素

| 大項目 | 小項目 | 説明 |
|---|---|---|
| ベンダーの会社情報 | 基本情報 | 組織体制、従業員数、創業年、所在地、取得している外部認証などの情報。なお、RFI発行元の発注者側も、会社情報をベンダーに対して提示するのが礼儀。 |
| | 財務情報 | 財務諸表(貸借対照表や損益計算書)の情報。与信管理に用いる。資金繰りの厳しいベンダーはシステム開発中に倒産するリスクがある。 |
| 発注者側の要件 | 情報提供依頼の目的 | RFIの目的を明示しないと、ほしい情報が不明確となり、ベンダーも適切な情報提供ができない。目的の開示はベンダーを「タダ働き」させる動機ともなる。 |
| | 新システムの概要 | ピンポイントに情報を得るため、新システムの概要を大雑把に開示する。「大雑把に」がポイント。RFI発行先の企業すべてとNDA締結するのは困難なので、正式なNDA締結をしなくてもよい程度の開示範囲に留めるのが無難。 |
| ベンダーの商材 | アピールポイント | ベンダーの商材のアピールポイントを示してもらう。このアピールポイントに散りばめられたキーワードが、最新のITトレンドであることが多い。 |
| | 適合性 | 発注者がシステムを使って行いたい仕事が、実際にできるかどうかの実現可能性を確認する。逆に、どのベンダーであっても「できないこと」も確認する。 |
| | サポート | ベンダーのサポート体制や運用保守サービスの内容や費用など。 |
| | 価格体系 | 非常に大雑把な見積りでOK。世間一般の相場観を押さえるのが目的。 |
| ベンダーの実績 | 販売実績 | ユーザー企業数、業種別シェア、公開事例など。 |
| | 開発経験 | 特に、開発予定の新システムと類似のシステムの開発実績があるかどうか。 |

Engineering SAMURAI のアドバイス

## ベンダーとのファーストコンタクトが「RFI」です。相手を見極めましょう。

105

# 全精力をかけて「RFP」を作成しよう

## プロジェクトの成否を決する最重要ポイント

### 🔍 要件（TO-BE）を漏れなく表現しよう

　RFIの次に、**発注者がもっとも注力して作成すべき資料が**「**RFP**」です。
　第1章でも述べたように、システム外注を行う際には、外注先を選定するためにベンダー各社から「提案書」を出してもらう必要があります。しかし、単に「提案書を出せ」と言うだけでは、ベンダーはどのような提案書を書けばよいのかわかりません。そこで、発注者が「どんな提案をしてほしいのか」を明示するドキュメントが必要です。それがRFPです。
　換言すれば、**RFPは発注者の「希望する姿（TO-BE）」を、形式知としてまとめ上げた資料**です。その記述形式にはいろいろなものが考えられますが、最低限、下記の内容は盛り込むようにしましょう。

1. 「発注者が実現したいこと」（特に開発の目的や期待する成果、システム化の範囲、業務上の要件など）
2. 「ベンダーに知ってほしいこと」（特に背景を含む現状〔AS-IS〕）
3. 「ベンダーにやってほしいこと」（特に作業範囲と成果物）
4. 「ベンダーに遵守してほしいこと」（特に契約条件と機密管理）
5. 「プロジェクトの前提条件」（特に予算規模やスケジュール、体制など）

### 🔍 各社の夢を実現するためのステップ

　システム化は多大なコストと労力を要するため、どの企業にとっても投資は大きな決断（冒険）となります。システムの開発が失敗すれば、経営が傾きかねないほどの悪影響が出る場合もあります。
　それだけのリスクを冒してでも各社がシステム開発を決行する理由は、**経営ビジョン（企業が抱く夢）を実現したいから**です。大事な書類ですから、読み手のベンダーがその"夢"を感じ取れるようなRFPをつくりましょう。

## Chapter 5
発注者が主体的に行うべき仕事を押さえる

### 事例④ RFP作成時に役立つテンプレート

RFP作成時に「元ネタ」となりそうなテンプレートが、インターネット上に数多く公開されています。そのうち、「ITコーディネータ協会(ITCA)」や「情報処理推進機構(IPA)」が公開している情報は特に信頼性が高いと言えます。ここでは、参考までにITCA公開の「開発委託用RFP見本(V1.0e)」の目次例を下記に示します。

| 1. システム概要 | |
|---|---|
| 1.1 | システム化の背景 |
| 1.2 | システム化の目的・方針 |
| 1.3 | 解決したい課題 |
| 1.4 | 狙いとする効果 |
| 1.5 | 現行システムとの関連 |
| 1.6 | 会社・組織概要 |
| 1.7 | 新システムの利用者 |
| 1.8 | 予算 |

| 2. 提案依頼事項 | |
|---|---|
| 2.1 | 提案の範囲 |
| 2.2 | 調達内容・業務の詳細 |
| 2.3 | システム構成 |
| 2.4 | 品質・性能条件 |
| 2.5 | 運用条件 |
| 2.6 | 納期およびスケジュール |
| 2.7 | 納品条件 |
| 2.8 | 定例報告および共同レビュー |
| 2.9 | 開発推進体制 |
| 2.10 | 開発管理・開発手法・開発言語 |
| 2.11 | 移行方法 |
| 2.12 | 教育訓練 |
| 2.13 | 保守条件 |
| 2.14 | グリーン調達 |
| 2.15 | 費用見積 |
| 2.16 | 貴社情報 |

| 3. 提案手続きについて | |
|---|---|
| 3.1 | 提案手続き・スケジュール |
| 3.2 | 提案依頼書(RFP)に対する対応窓口 |
| 3.3 | 提供資料 |
| 3.4 | 参加資格条件 |
| 3.5 | 選定方法について |

| 4. 開発に関する条件 | |
|---|---|
| 4.1 | 開発期間 |
| 4.2 | 作業場所 |
| 4.3 | 開発用コンピュータ機器・使用材料の負担 |
| 4.4 | 貸与物件・資料 |

| 5. 保証要件 | |
|---|---|
| 5.1 | システム品質保証基準 |
| 5.2 | セキュリティ |

| 6. 契約事項 | |
|---|---|
| 6.1 | 発注形態 |
| 6.2 | 検収 |
| 6.3 | 支払条件 |
| 6.4 | 保証年数(瑕疵担保責任期間) |
| 6.5 | 機密事項 |
| 6.6 | 著作権等 |
| 6.7 | その他 |

| 添付資料(別紙) | |
|---|---|
| 別紙1 | 要求機能一覧 |
| 別紙2 | DFD |
| 別紙3 | 情報モデル |
| 別紙4 | 現行ファイルボリューム |
| 別紙5 | 原稿ファイルレイアウト |

出典:ITコーディネータ協会(ITCA)
https://www.itc.or.jp/

● **記載すべき主な要素**(次ページから詳細を記載しています)

上記ITCA版のRFPテンプレートは、いわば「盛りだくさんのフルコース」です。汎用性や有用性が高い反面、初心者にはハードルが高く感じるのも事実です。その場合には最低限、下記に示す項目をひととおりカバーすることを目標にしましょう。QCD(品質、コスト、納期)を意識するのがポイントです。

1. 新システム開発の全体像
2. 提案してほしい内容
3. スケジュール
4. 予算
5. 体制と役割分担
6. 納品すべき成果物
7. 契約条件
8. 応札要件
9. 前提条件
10. 提案手続き

## 1 新システム開発の全体像

経営層向けにプレゼンした「新システム企画書」の内容に準拠します。発注者が新システムを開発すべき理由を、ベンダーが理解できるようにします。

| 項目 | 説明 |
|---|---|
| システム開発の方針 | 新システム開発の「目的」「背景」「方向性」を記載する。 |
| 現状(AS-IS)の分析 | 現状の「業務フロー図」「課題」を記載する。 |
| 理想形(TO-BE)の分析 | 新システムによって実現したい「業務フロー図(システム化の範囲)」および「業務上の要件」を記載する。 |

## 2 提案してほしい内容

ベンダーから提案してほしい内容を明示します。第2章で述べた「機能要件」と「非機能要件」の両方を満たせる提案と、その費用の見積りをベンダーに対して依頼します。

| 項目 | 説明 |
|---|---|
| 費用見積り | 見積書に「システム一式」とだけ書いて、費用の内訳を明かさないベンダーもいることから、詳細な明細を明記するように依頼する。可能ならば「値付けの根拠」も記載するように依頼する。 |
| 機能要件 | 発注者の業務上の要求を満たすために、新システムが備えるべき機能を列挙する。たとえば「在庫管理システム」であれば「在庫数の表示機能」は必須。 |
| 非機能要件 | 「機能要件」以外に、システムに求められる要件を列挙する。具体的には、性能、信頼性、保守性、運用性、拡張性、情報セキュリティ、トラブルシュート、データ移行、UX(使い勝手)、品質基準等、膨大な種類が考えられる。「非機能要求グレード」(IPA)や「ソフトウェアの品質特性」(ISO9126)を参考にするとよい。「非機能要件」はわかりにくいため、考慮モレのリスクが大きい点にも留意する。たとえば「在庫管理システム」であれば、「取り扱う商材の種類が増えるにつれて、システムのレスポンスタイムが悪化する」という性能面の問題が生じる恐れがある。 |

## 3 スケジュール

システム開発のスケジュール計画を明示します。特に、納期を含むマイルストーン(重要イベントのタイミング)を明記します。

| 項目 | 説明 |
|---|---|
| スケジュール計画表 | 後述する「進捗管理」の項で述べる「WBS形式のガントチャート」で図示するのが望ましい。 |
| マイルストーン | プロジェクト進捗の遅延に備えた安全係数を見込んだうえで、最終的な納期(デッドライン)を示す。各フェーズの終了条件を具体的に明記する。<br>例:レビューにおける責任者の承認完了など |

## 4 予算

システム開発にかけられる予算（費用）の概算を示します。
RFPの段階で、ベンダーに予算を開示すべきか否かは議論があるところで、「敵に手の内を明かすようなもの」と言われることもあります。予算を開示した時点で、ベンダーが見積額を予算上限値ギリギリに合わせてくる可能性もあるからです。
しかし、ベンダーに対する説明責任の一環として、あらかじめ予算を開示することで、ベンダー側も、予算に応じて調整した最適な提案をしてくれる可能性がある、とも言えるでしょう。

| 項目 | 説明 |
| --- | --- |
| システム開発の予算 | システム開発にかけられる予算の上限値の目安を示す。 |
| システム運用保守の予算 | システム運用保守をベンダーに委託する場合は、年間予算の上限値の目安を示しておく。 |

## 5 体制と役割分担

「新システム企画」のフェーズで、発注者側の社内的な体制は固めているので、引き続きベンダーを加えた体制を固めて、両者の役割分担を明確にします。

| 項目 | 説明 |
| --- | --- |
| 体制 | 発注者とベンダーの両者を含めた体制図を記載する。 |
| 役割分担 | 役割分担の際には、各々の役割の具体的な仕事と、責任の範囲を明示する。役割ごとの責任者と担当の区別もつくようにする。<br>各役割に任命する個人名と役職名も、提案書に明記するようにベンダーに対して依頼する。 |

## 6 納品すべき成果物

ベンダーが納品すべき成果物を列挙します。発注者が要求する成果物の質と量は、ベンダーの見積額に反映されます。コストパフォーマンスを考慮したうえで成果物を決定すべきです。

| 項目 | 説明 |
| --- | --- |
| 成果物一覧 | 開発対象のシステム本体だけでなく、「付属ドキュメント」を含めるかどうかがポイント。たとえば、システムの設計書の提供、ソースコードの提供、運用マニュアルの作成等をベンダーに依頼したい場合は、RFPにその旨を明記しておかないと、のちのちベンダーとのトラブルにつながる恐れがある。 |
| 検収 | 成果物を検収する手続きの詳細を記す。たとえば、後述の「受入テスト」の要領、工程ごとの成果物リリースの納期、発注者側が検収完了に要する期間等を記載する（第6章の「検収」の項も参照）。 |

## 7 契約条件

ベンダーとの契約に関して、発注者側が希望する条件をRFPであらかじめ開示しておくことで、あとでベンダーと揉めることを避けられます。第6章で解説している契約（法律）に関するポイントも参照してください。

| 項目 | 説明 |
| --- | --- |
| 契約形態 | 「請負契約」または「準委任契約」のどちらであるかを明記する。 |
| 支払条件 | 代金支払いを行うタイミングを明示する。<br>例：請負契約の場合、発注者側の検収完了後 |
| 瑕疵担保責任 | 「請負契約」の場合は、瑕疵担保責任の期間を明記する。 |
| 機密保持(NDA) | システム外注の際は、発注者の機密情報をベンダーに対して公開する必要があるため、NDAは必須。 |
| 知的財産権 | 特に、成果物の「著作権」の帰属に関する事項に留意する。法の原則的には、成果物の著作権は開発者であるベンダーに帰属する。できる限り、著作権を発注者に移転するのが望ましいが、「著作権」移転の対価として、ベンダーが見積額を増額してくる可能性がある。 |
| 再委託の可否 | ベンダーが再委託を行うことを許可するかどうかを明記する。再委託は情報漏洩リスク等の懸念が増える反面、再委託を許可しない場合は、RFPに応札するベンダーが少なくなる恐れがある。 |

## 8 応札要件

前述のRFIで要求する情報に準拠して、応札するベンダーが充足すべき要件を明記します。

| 項目 | 説明 |
| --- | --- |
| 企業情報 | たとえば、「ISO9001認証取得済」「社歴○○年以上」「発注者の本社所在地の附近」などの要件が挙げられる。 |
| 実績 | たとえば「類似プロジェクトの経験」「○○社以上の顧客との取引実績」などの要件が挙げられる。 |

## 9 前提条件

ベンダーがシステム開発の実現可能性や費用の見積り等を行う際の精度に大きく影響します。

| 項目 | 説明 |
| --- | --- |
| システム構成 | 新システムが稼働するインフラ(ハードウェア、ソフトウェア[OS含む]、ネットワーク)に関するスペックを記載する。バージョンなどの微妙な差異が影響を及ぼす可能性があるので、できる限り詳細に記載する。 |
| 情報セキュリティ | システム外注の際には、ベンダーは発注者の機密情報を扱うことになるため、情報セキュリティ対策の徹底をベンダー(再委託先を含む)に対して依頼する。「情報セキュリティ」の詳細は第8章にて述べる。 |
| 開発におけるルール | たとえば「ベンダーが作業する場所」「ベンダーが開発に使う器具」「発注者がベンダーに貸与する資料の返却方法」「ベンダーが遵守すべき基準や規則」などを記載する。 |
| 既存システムの連携 | たとえば「他システムとの連携(EDI)の要否」「他システムとの入出力インタフェース仕様」「旧システムからのデータ移行の要否」などを記載する。 |
| システム利用環境 | たとえば「ユーザー数やPC数の見込み」は、システムの応答性能に影響し、「営業時間帯」はシステム負荷のピークを見積るうえで重要。新システムの利用シーンを想像し、発注者が見積れる限りの情報を記載する。 |

## 10 提案手続き

RFPに対する提案を、ベンダーが行う際の手続きに関して、事務的な連絡事項を記載します。

| 項目 | 説明 |
| --- | --- |
| 実施要項 | 提案書の形式や冊数、提案書の提出の仕方などの事務的な情報を記載する。 |
| スケジュール | RFPの提出期限、提案のプレゼンテーション、選考結果の通知などの日程を記載する。 |
| 選定方法 | ベンダー選定を行う方法や基準を記載する。 |
| 窓口 | 提案書の提出先や、RFPに関する疑問点の問い合わせ先などを記載する。 |

# ベンダーとすり合わせて「要件定義書」を作成する

### 専門家の視点で技術的な不足点を埋めていく

## 🔍 発注者が協力し、ベンダーがつくる

　システム開発のプロセスには、必ず「要件定義」の工程があります。通常、依頼するベンダーを決定したあとに行われるこの工程では、**外注先のベンダーが中心となって「要件定義書」を作成します。**

　前項で解説したRFPは、発注者の求める要件（TO-BE）を記述したものでしたが、要件定義書にはITの専門家である"ベンダー視点"で、発注者とすり合わせたより詳細な要件が記載されていきます。

　一般に、発注者にはITの専門知識が乏しいために、発注者がRFPに書いた要件だけでは、システム開発を実際に進める際に必要となる技術要件の情報が不足しがちです（通例、技術仕様の具体性や網羅性に欠けています）。RFPの要件だけだと曖昧すぎるので、さらに詳細な技術要件（一般に**「システム要件」**と呼ぶ）を、発注者とよく話し合いながら、ベンダー視点で詰めていく必要があるのです。

## 🔍 具体的な注文内容を明確にする大事なステップ

　ベンダーは、発注者と二人三脚でこのドキュメントを作成していく過程で、システムの実現可能性に目処をつけていきます。

　RFPで提示された要件を充足するために、成果物となるシステムが備える必要がある機能（**機能要件**）をひとつずつ明確にしていき、発注者との認識ギャップを潰していきます。システムの性能（例：レスポンスタイム）や使い勝手（例：画面の視認性）といった**「非機能要件」を定義するのも、この要件定義書の範疇**です。さらには、後述する**「受入テスト」のテストケース（チェックリスト）作成のための前提条件**ともなります。

　発注者はベンダーに最大限協力し、この重要書類の作成を助けましょう。

# Chapter 5

発注者が主体的に行うべき仕事を押さえる

## 発注者とベンダーの視点の違い

発注者がRFPに記載する"業務要件"は「**要求（Demand）**」、ベンダーが要件定義書に記載する"システム要件"は「**要件（Requirement）**」と呼んで、区別することもあります。

**発注者**
(IT素人の視点・業務寄り)

- 顧客からの電話問い合わせがきたら、出荷済みの製品すべてを対象として、データベースを迅速に全件検索して、しかるべき製品の詳細をチェックできるようにしたい。
- 「シリアル番号」で検索できるようにしたい。
- 電話の客には、どんなに待たせても「ひと呼吸」以内の対応が必須。

 要求

- 出荷済製品の総数：72万件
- レスポンスタイムの許容値：「ひと呼吸」を30秒間以内と仮定
- 以上の「業務要件」を満たすには、以下の「システム要件」が必要だ。
- 「CPU=xxGHz、メモリ=xxGB」のスペックを有するサーバー
- ハードディスクは72万件相当のxxGBの領域が最低限必須
- 検索画面には「シリアル番号」入力領域が必須
- データベースの「出荷済製品」テーブルのキーは「シリアル番号」列に設定

要件

**ベンダー**
(IT技術者の視点・システム寄り)

### ● 盛り込むべき主な要素

| 大項目 | 小項目 | 説明 |
|---|---|---|
| 機能要件 | システム概要 | 開発するシステムの概要（開発の方向性）を記す。 |
| | 機能一覧 | RFP記載の業務要件と対応づけて、システムが備えるべき機能を列挙。 |
| | 入力要件 | システムの入力データ形式を規定する。規定違反時の入力エラー処理など。 |
| | 出力要件 | システムの出力データ形式を規定する。帳票形式や画面レイアウトなど。 |
| | 操作性 | 外部仕様(UI)の操作に関する仕様(例：入力値は自由入力か？ 選択式か？) |
| | 例外処理 | システム障害が生じた場合の仕様。エラー通知やトラブルシュート手段など。 |
| | システム構成 | システムを構成するハードウェア、OS、ソフトウェア、ネットワーク。 |
| | インタフェース | 関連する他システムとの連携用のインタフェースを定義する。 |
| 非機能要件 | 可用性 | 許容しうるシステムダウンの時間（稼働率）など。 |
| | 性能・拡張性 | 処理可能なデータ件数の最大値やレスポンスタイムの許容範囲など。 |
| | 運用・保守性 | バックアップやリカバリの方式や夜間バッチ処理の時間帯など。 |
| | 移行性 | 旧システムから新システムへのデータ移行の容易さなど。 |
| | セキュリティ | 不正アクセス防止、機密データ保護、ウイルス対策など。 |
| | 環境・エコロジー | 省電力、ペーパレス化など。 |

Engineering SAMURAI のアドバイス

**要件定義で失敗すると、その後の工程がドミノ倒しのごとく総崩れとなります。**

113

# お目つけ役としてPMの「進捗管理」を監督する

ベンダーの進捗管理を、さらにチェックすべし

## 🔍 進捗管理もベンダー任せではダメ

　実際のシステムの開発作業が始まったら、発注者はベンダーの"お目つけ役"に徹すべきです。そのお目つけ役の最大の仕事は、**ベンダー側の進捗管理がうまくいっているか、ダブルチェックする**ことです。

　基本的には、システム開発の進捗管理はベンダー側のPMの責任です。とは言うものの、進捗管理をベンダーに丸投げしたまま成功できるほど、システム外注は甘くありません。ベンダー（のPM）が進捗管理を適切に行っているか、発注者側も逐一チェックする必要があります。

　この際、両者で作業の進捗状況を効率的に共有するために「**WBS（Work Breakdown Structure）**」という手法を活用してください。これはプロジェクトにおける作業を細かい単位に分割し、階層構造で管理する手法のこと。WBSで作業項目を階層化したうえで「**ガントチャート**」を作成するのが、便利で、かつ一般的でしょう。こうして進捗状況を"見える化"すれば、ベンダーの異変を迅速に察知し、適宜フォローに入ることもできます。

## 🔍 事前に進捗管理状況の共有について同意・依頼しておく

　上記のように進捗管理の状況を共有するには、プロジェクトの初期段階でベンダーのPMに対し、WBSの形式で「スケジュール計画」を立案し、提出するよう依頼することが必要です。当然、発注者の担当となる作業も出てくるので、その旨もWBS上に明記してもらいましょう。

　これにより、次のようなメリットが期待できます。

1. ベンダーのプロジェクト管理能力の程度を探れる。
2. ベンダーが発注者に依頼したい作業を事前に明確にできる。
3. ベンダーにスケジュール厳守の意識を持たせられる。　など

# Chapter 5
発注者が主体的に行うべき仕事を押さえる

## 事例⑤ WBSの例

WBSは、「プロジェクト全体の作業項目を詳細化した階層構造」です。進捗管理の際には、WBSと「ガントチャート」を組み合わせた図を活用します。

### ● 作業項目の階層化（狭義のWBS）を行う

必要な作業を洗い出し、レベルごとに階層に分けた図を作成します。

### ●「ガントチャート」を付与する

上述の「WBS」に対応する、スケジュールを示す「ガントチャート」を作成して追記します。

| 大分類 | 中分類 | タスク名 | 成果物 | 担当者 | 進捗度 | 開始日 | 終了日 | 第1週 | 第2週 | 第3週 | 第4週 | 第5週 |
|---|---|---|---|---|---|---|---|---|---|---|---|---|
| 超上流工程 | 新システム企画 | 企画書の作成 | 企画書 | | xx% | | | | | | | |
| | | 経営層へのプレゼン | 経営層の承認 | | xx% | | | | | | | |
| | ベンダー選定 | RFIの作成 | RFI | | xx% | | | | | | | |
| | | RFPの作成 | RFP | | xx% | | | | | | | |
| | | ベンダーとの面談 | 外注先の決定 | | xx% | | | | | | | |
| | 要件定義 | 要件定義書の作成 | 要件定義書 | | xx% | | | | | | | |
| | | レビュー | 議事録 | | xx% | | | | | | | |
| 上流工程 | 基本設計 | 基本設計書の作成 | 基本設計書 | | xx% | | | | | | | |
| | | レビュー | 議事録 | | xx% | | | | | | | |
| | 詳細設計 | 詳細設計書の作成 | 詳細設計書 | | xx% | | | | | | | |
| | | レビュー | 議事録 | | xx% | | | | | | | |
| 実装 | | プログラミング | ソースコード | | xx% | | | | | | | |
| | | ソースコードのレビュー | 議事録 | | xx% | | | | | | | |
| テスト工程 | | 単体テスト | テスト結果報告書 | | xx% | | | | | | | |

ベンダー側の進捗が遅れている場合は、必ずその理由(背景)をチェック！

# 「課題管理」を行って常にボトルネックを潰していく

**進捗に影響を及ぼす問題を放置させない**

## 発注者が主導すべし

　システム開発の過程では、モグラ叩きのように次々とさまざまなトラブルや課題が現れてきます。こうした課題をしっかりと認識して管理し、ひとつずつ迅速に潰していくことで、はじめてスケジュールどおりのシステム開発が実現できます。

　本来は、この「**課題管理**」もベンダー側のPMの役割なのですが、前述したようにベンダーは、トラブルがあるときほど無口になり、「沈黙は金」と決め込む傾向があります。ベンダーに任せておいては命取りになりかねませんから、**いまどんなトラブルや課題が生じているのか、発注者側が主体となって積極的にベンダーから聞き出し、課題の管理状況についても"見える化"して両者で共有する**ことが大切です。

## アローダイアグラムでボトルネックを見つけ出せる

　「課題管理」では、いま生じている課題が重大なものなのか、些末なものなのか、手早く、的確に判断することも重要です。

　たとえば右図に示したような「**アローダイアグラム**」を使って、プロジェクト全体の進行を妨げている重大な課題、いわゆる「**ボトルネック**」を見つけ出し、そうした重大な課題から優先的に解消していくように意識してください。ボトルネックをまず解消しなければ、ほかの小さな問題を解消したとしても効果が薄いからです。

　ボトルネックは、大抵は「**クリティカルパス**」と呼ばれる最重要の作業経路に潜んでいます。たとえば「発注者が作業Aを完了するまで、ベンダーが作業Bを開始できない」といった作業間の相互依存関係を想定すると、ボトルネックを見つけやすくなります。参考にしてください。

# Chapter 5

発注者が主体的に行うべき仕事を押さえる

##  アローダイアグラムが役立つ

「アローダイアグラム」では、タスク同士の依存関係をネットワークとして示します。課題管理でよく利用される「PERT(Program Evaluation and Review Technique)」や「CPM(Critical Path Method)」といった手法にも使われています(ちなみに、この両者の違いは目的の違いです。「PERT」の目的は作業日程の最短化、「CPM」の目的はコストの最小化です)。

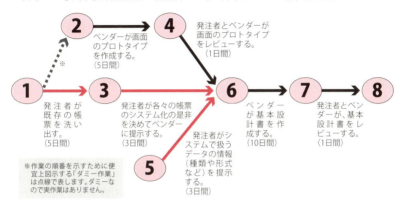

たとえば、上図の赤矢印は発注者の担当作業を示しています。仮に発注者側担当者の作業が予定よりも遅延した場合には、その遅延に引きずられる形で、ベンダー側の作業も遅延することになります。ベンダーの作業の遅延は、必ずしもベンダーばかりの責任ではないことが多いのです。

● 課題管理表のフォーマット例　※形骸化を防ぐため、あまり複雑にしないことがポイントです。

| 順番 | 課題事項 | 報告者 | 報告日時 | 優先度 | 対応方針 | 対応者 | 対応完了予定日 | 実績日 | 対応状況 |
|---|---|---|---|---|---|---|---|---|---|
| 1 | xxx画面が基本設計から漏れている。 | AAA | 10/1 | 高 | xxx画面も範囲に入れる。 | BBB | 10/12 | 10/9 | 完了 |
| 2 | システム化対象の帳票リストの提供が遅延中。 | BBB | 10/1 | 中 | 重要な帳票を優先的にリスト化して提出する。 | AAA | 10/31 | | 対応中 |

Engineering SAMURAI のアドバイス

「課題管理」は、ベンダーだけでなく発注者の課題をあぶり出すためにも役立ちます。

# 中間成果物を確認する「レビュー」を行う

## 入念に下準備して望むべし

### 🔍 中間チェックがないと、一発勝負になってしまい危険！

システム開発の終盤、特に検収時の「受入テスト」の段階に差し掛かって、発注者が「こんなはずじゃなかったのに!!」と騒ぎ出すことは珍しくありません。そのような事態に陥る最大の要因は、システム開発の途中で、発注者が「中間成果物」をしっかりチェックしなかったことにあります。

双方立ち会いの下で中間成果物を確認し、ベンダーに対して発注者がフィードバックを行う「**レビュー**」の機会を設けることで、両者の間の認識ギャップを是正でき、こうした大失敗を未然に防げます。必ず、レビューの機会を設けるようにしましょう。

なお、システム開発における全体の工程のうち、**ベンダーが「実装」工程以降を開始してしまうと、軌道修正する場合の「手戻り」が甚大となります**。より上流に位置する「要件定義」「基本設計」「詳細設計」の段階でレビューを何度か行うことで、発注者の意図をすべて反映しきる覚悟が必要です。「**品質は上流工程でつくられる**」のだと肝に銘じてください。

### 🔍 事前の準備をしている者が議論を制す

ベンダーとレビューを実施する際には、あらかじめ「**アジェンダ**」を準備しておきます。レビューに限らず、会議では（その日の）論点を明確にして絞り込んでおかないと、議論が発散してしまいます。ベンダーは作業の遅延やトラブルなどの「腫れ物」に触れるのを意図的に避けようとするため、あらかじめアジェンダに発注者が懸念している事項を盛り込んでおき、議論で積極的に指摘して認識をすり合わせるようにしましょう。

また、**レビュー実施後には、発注者が「議事録」も作成しましょう**。万一ベンダーと紛争になった場合、この議事録が裁判の証拠となります。

# Chapter 5

発注者が主体的に行うべき仕事を押さえる

## 事例⑥ アジェンダ（会議の計画表）

| # | 項目 | 説明 | 記載例 |
|---|---|---|---|
| 1 | 会議名 | 会議の目的を単語で言いきる短い名称がよい。複数回開催ならば回数を明記する。 | 基本設計レビュー（第2回） |
| 2 | 会議の目的 | 目的を明記するメリットは以下のとおり。<br>・話の脱線をなくす（議論を発散させない）。<br>・「目的を果たせぬ会議は無駄、無意味、無価値」というプレッシャーを参加者で共有できる。 | xxxx業務で用いる帳票一式の出力形式を決定する。Y社作成のプロトタイプに対してX社がフィードバックを行う。 |
| 3 | 参加予定者 | 会議中における役割は明記する。必要に応じて、参加者の社名や職位なども明記する。 | X社：進行役A、議事録B、C、D<br>Y社：E、F（敬称略） |
| 4 | 開催日時 | 終了時間を必ず明記する。ダラダラしないように延長は原則NGとする。 | 20xx年10月12日（金）16:00～17:00 |
| 5 | 場所 | 発注者とベンダーの事業所が離れている場合はリモート会議（TVや電話）を検討すべき。 | X社本社xxx会議室 |
| 6 | 議題 | 「会議の目的」を達成するために必要な議題を列挙する。議題数は多くても5件以内に収める。議事ごとの時間割を明記する。 | ・帳票aaaプロトタイプのレビュー（16:00～16:20）<br>・帳票bbbプロトタイプのレビュー（16:20～16:40）<br>・帳票cccプロトタイプのレビュー（16:40～17:00） |
| 7 | 配布資料 | 配付資料は会議前に事前配布するのが鉄則である。会議中に配布すると参加者が議論に集中できない。 | 基本設計書（第2版） |
| 8 | メモ | 上記の項目のいずれにも該当しない特記事項を記載する。記入は任意。 | 特になし。 |

**会議は「時間泥棒」です。会議は参加者全員の貴重な仕事時間を奪います。そのため、奪われた時間に相応しい成果を出せないような会議は、一切しないほうがマシです。発言を一切しない参加者を会議に呼ぶのもやめましょう。**

## 事例⑦ 議事録

原則として、「議事録」は「アジェンダ」の議事と対応する形で作成します。ヌケモレがある場合は、「会議の目的」を果たせなかったことを意味します。ここでは、「アジェンダ」の記載内容と同じ部分は重複するので省略し、通常、追記する項目だけを示します（このほかにも、予定と実際で差異があれば「議事録」に記録します）。

| # | 項目 | 説明 | 記載例 |
|---|---|---|---|
| 1 | 結論 | 「アジェンダ」に挙げた議事のすべてに対し、結論を明記する。「結論が出せていない会議」というのは、何も議論していないのに等しい。会議は単なる話し合いではなく、結論を出して物事を決断する場であることを忘れない。 | ・帳票aaaプロトタイプのレビュー<br>・帳票bbbプロトタイプのレビュー<br>→Y社より承認をいただけた。本仕様で実装を進める。<br>・帳票cccプロトタイプのレビュー<br>→レイアウトの視認性が悪い。プロトタイプをつくり直す。 |
| 2 | 次回会議の予定 | 次回会議の予定は、会議終了までに決めておきたい（会議後の日時調整は手間がかかる）。 | 20xx年10月19日（金）16:00～17:00<br>Y社本社yyy会議室 |
| 3 | 宿題事項 | 宿題事項がある場合は、具体的なアクション、担当者、対応期限を必ず明記する。 | 帳票cccプロトタイプのつくり直し<br>（担当者：D　対応期限：10月17日（水）17:00までに送付） |

# 現場の社員を巻き込み「UXテスト」を実施する

## 実際のユーザーに開発途中のシステムを味見させる

### 🔍 全体は完成していなくても、サブシステムは大抵動く

　ある程度システムが形になって、システムを構成している「**サブシステム**」のいくつかが稼働する段階になってきたら、全体の完成を待たずに順次テストを行い、ベンダーへのフィードバックを行いましょう。

　これも、開発完了後の「こんなはずじゃなかった!!」を防ぐための大事なステップとなります。

### 🔍 使い勝手などユーザーの不平不満を事前に防ぐ

　その際には、実際に完成したシステムを使うことになる現場の社員を何人か巻き込み、UX（ユーザー体験）を評価する「**UX テスト**」を実施すると、より効果的です。

　UX テストとは、システム全体を「**ユースケース**」の集合として捉え、それぞれのユースケースに関して UX の向上を図る取り組みのことです。ここで言う「ユースケース」は、「実際のシステムの使い方」を指していると考えればいいでしょう。

　それぞれのサブシステムの実際のユーザーとなる現場社員だからこそ、気づける不具合やちょっとした改善ポイントなどがあるはずです。事前に想定したさまざまな「ユースケースシナリオ」に基づいて、現場社員に実際に開発中のシステムを操作してもらい、システムの使い勝手や満足度に問題がある箇所を洗い出していきます。

　システム外注では、運用開始後に「UX 上の不都合（**UX 不良**）」でトラブルになることが少なくありません。**システムの完成後に、こうした UX 不良をベンダーに是正させるのは至難の業**ですから、開発完了の前に UX テストを実施し、ベンダーに改善希望をフィードバックすることです。

**Chapter 5** 発注者が主体的に行うべき仕事を押さえる

## 「UXテスト」の実施手順

**1 ユースケースを網羅的に洗い出す**

「ユースケース」とはシステムの使い方です。"自分がシステムを利用して片づけたい仕事"をヌケモレなく洗い出していきます。「業務フロー図」の中の「システム化範囲」に相当する"仕事"が「ユースケース」となります。

**2 「ユースケースシナリオ」を作成する**

「ユースケースシナリオ」とは、システムを操作する手順です。①で洗い出した「ユースケース」を実施する際に、システムを操作する手順の詳細を書き下していきます。

**3 「チェックリスト」を作成する**

「ユースケースシナリオ」を遂行していく際に、UX上の問題となりそうなポイントをチェックするための「チェックリスト」を作成します。

**4 テストを実施する**

②で作成した「ユースケースシナリオ」を遂行しながら、③で作成した「チェックリスト」のチェック項目を確認していきます。

**5 品質の評価を行う**

テスト実施中に発見した、システムのUX上の問題点(UX不良)を指摘します。

**6 評価結果をベンダーにフィードバックする**

⑤で指摘したUX不良をベンダーにフィードバックして、システムの設計を改善するようにリクエストします。

※拙著『UX(ユーザー・エクスペリエンス)虎の巻 ―ユーザー満足度を向上する設計開発テクニック―』(日刊工業新聞社)も役立ちますので、ぜひご参照ください。

**Engineering SAMURAI のアドバイス**

新システムに関する現場からのクレームで、いちばん多いのがUX不良です。

# 50 システムが完成したら「受入テスト」を実施する

## システム外注における最後の関門

### 🔍 現場で不具合が出た場合、追加費用が発生するケースが多い

「受入テスト」は、ベンダーが納入したシステムを発注者が検収する際に行うテストです。「**ユーザー受入テスト（UAT：User Acceptance Test）**」「**検収テスト**」「**運用テスト**」などと呼ばれることもあります。システム開発プロジェクトにおける「最後の関門」と言ってよいでしょう。

このテストは発注者が主体となって実施します。実質的に最後のテストの機会となることから、発注者の責任は重大です。受入テストにおける最重要判定ポイントは、以下の2点です。

1. **要件定義書で合意した"要件"を、システムが充足しているか。**
2. **現場社員がシステムを問題なく使用できるか。**

本来は、前者と後者はイコールであるべきですが、実際には仮に1.の要件を充足していたとしても、現場社員が業務を遂行する際のテストで支障が判明することがあります。**どんなに努力しても、「要件定義」におけるヌケモレは防ぎがたい**ものだからです。受入テストの結果次第では、検収の不合格を出す、あるいはベンダーに追加費用を支払って問題に対応してもらう必要が出てきます。いずれにせよ覚悟がいる決断となるでしょう。

### 🔍 もし不具合を見逃したら、それは発注者の責任

受入テストの実施要領は、前項のUXテストの実施要領に準じます。

UXテストとの違いは、前者ではUXの善し悪しを判断したのに対し、後者では検収の合格か不合格かの判定が目的になっていることです。

「受入テストの合格＝検収の合格」です。**もしシステムに致命的な不具合（要件不適合）があっても、受入テストで発見できなかった場合には、ベンダーの責任ではなく発注者の責任となります**から心してください。

# Chapter 5
発注者が主体的に行うべき仕事を押さえる

## 事例⑧ 受入テストの進め方

### 1 ユースケースを網羅的に洗い出す

「業務フロー図」の中の「システム化範囲」に相当する"仕事"が「ユースケース」となります。

### 2 「ユースケースシナリオ」を作成する

①で洗い出した「ユースケース」において、ユーザーがシステムを操作する手順である「ユースケースシナリオ」を書き下します。

| ユースケース「在庫数を表示」 | |
|---|---|
| 概要 | 顧客が製品の在庫数を発注前に事前に把握できるようにする。 |
| アクター | 顧客 |
| 事前条件 | 「在庫」テーブルに必要なデータが登録済み |
| 基本フロー | ①「注文」用Webページにアクセスする。<br>②「製品名」を選択する。<br>③「製品オプション」を選択する。<br>④「注文個数」を入力する。<br>⑤「在庫数」が表示される。 |

| ユースケース「出庫可能な納期の見込みを表示」 | |
|---|---|
| 概要 | 「在庫切れ」の場合、顧客が納期の目安を把握できるようにする。 |
| アクター | 顧客 |
| 事前条件 | ・ユースケース「在庫数を表示」において、「注文部数＞在庫数」になっている<br>・「製造リードタイム」テーブルに必要なデータが登録済み |
| 基本フロー | (ユースケース「在庫数を表示」の続きから)<br>①「在庫不足数」(＝注文個数−在庫数)が表示される。<br>②「出庫可能な納期の目安」が表示される。 |

### 3 「チェックリスト」を作成する

②の「ユースケースシナリオ」に基づく操作を行った際に、期待される結果(システムの挙動)を「チェックリスト」形式で列挙します。期待される結果は、ベンダーと合意済みの「要件定義書」に記載されています。

| 「受入テスト」用チェックリスト | |
|---|---|
| 1 | 「注文個数＝在庫数」の場合は【注文する】ボタンが押下可能になっていること |
| 2 | 「製品名」「製品オプション」を入力し直した場合は、在庫数の再計算が行われること |
| 3 | 「注文個数」を入力し直した場合は、在庫数との比較判定が再実行されること |
| 4 | 「出庫可能な納期の目安」が適切な範囲内に収まっていること |
| ⋮ | ⋮ |

### 4 テストを実施する

システムの実際のユーザー(現場社員)が行うのが原則です(システム実稼働前の予行演習という意味合いもあります)。②で作成した「ユースケースシナリオ」に基づいてシステムを操作し、③で作成した「チェックリスト」の観点でシステムの挙動をチェックします。

### 5 品質の評価を行う

ベンダーと合意済みの「検収基準」に合格しているかどうかを判定します。通例、③のチェックリスト合格で基準達成と見なします。

### 6 評価結果をベンダーにフィードバックする

検収の合否をベンダーに伝達します。不合格の場合は、理由を明示したうえで、成果物(システム)をベンダーに差し戻します。

# 「運用マニュアル」を作成し「社内説明会」を実施する

**終わりよければすべてよし**

## 🔍 システムは運用保守が99%

　第2章のDevOpsの項でも述べましたが、システムは開発期間よりも運用期間のほうがはるかに長いものです。よって、システムとより長期間つき合うのは、開発者よりもむしろ運用者（≒現場社員）です。

　このシステムの運用者が、ストレスなく運用を継続していくためには、**「運用マニュアル」**の作成が必須となります。そして運用マニュアルを作成したら、その内容を社内の関係者に説明するため、**「社内説明会」**の機会を設ける必要が出てくるでしょう。

　発注者にとっては、どうしてもシステムの開発に焦点が当たるため、運用保守は盲点となりがちです。しかし、新システムの直接的なユーザーである現場社員の理解と協力なしでは、新システムの導入は必ず失敗します。実際、開発は完了できたものの、運用や保守で失敗するシステムが後を絶ちません。

## 🔍 社内説明会の感触で新システムの評価がわかる

　ベンダーは、開発完了をもって新システムからいったん離れることになります。つまり、ベンダーは新システムとは一時的なつき合いで済むことが多いです。それに対して、実際にシステムを使う現場社員は、"否が応でも"そのシステムとつき合い続ける必要があります。

　社内説明会が新システムとの初対面の場となる現場社員も多いはずです。彼らにとっては仕事の利害に直結するため、新システムの出来によっては、社内説明会の場で辛辣なコメントが飛び出してくる可能性もあります。**特に新システムのUXが悪い場合には、クレームの大合唱となる恐れさえあります。**そのような事態を防ぐ方法は、第7章で詳述しましょう。

# Chapter 5

発注者が主体的に行うべき仕事を押さえる

## 📍 マニュアルと社内説明会のポイント

### ●「運用マニュアル」作成のポイント

| | |
|---|---|
| 想定読者 | 想定読者の属性をあらかじめ考えておく。特に、読者の知識レベルに留意する。相応の知識レベルを要する記述内容であるなら、前提となる知識を明記したり、マニュアルをレベル別に分冊にしたりすべきである。 |
| 情報量 | マニュアルに記述する情報の量（範囲の広さ）と質（専門的な詳細さ）に留意する。特にマニュアルが大作となりそうな場合は、「広くて浅い」冊子と「狭くて深い」冊子に分けるほうが無難である（例：「概要編」と「詳細編」）。 |
| サマリ（要約） | マニュアル冊子の冒頭に「サマリ」を記載する。サマリなので100文字程度とする。 |
| 前提条件 | 運用の前提となる条件を明記する。必須（または推奨）のシステム環境（例：OSやWebブラウザの種別やバージョン等）、システム構成図などを記載する。 |
| 操作の5W1H | 操作の手順と期待される結果を記載する場合は「5W1H」を明確にする。特に、主語の区別（「ユーザー［人間］」か？「システム」か？）が曖昧になると、読み手が混乱しやすい。操作手順を示す前に、操作の目的を説明しておくとよい。 |
| 結果の確認方法 | 操作の結果を確認する方法を明記。特に正常終了と異常終了の見分け方が重要。 |
| エスカレーション先 | 問い合わせ先を明記。特に、問い合わせ可能な手段（例：メールのみか？ 電話応対もするか？）や時間帯は記載する（レスポンスタイムの目安も示すと丁寧）。 |
| FAQ | 質問の頻度が多い内容はFAQ（Frequently Asked Questions）として整備する。問い合わせ窓口（ヘルプデスク）の負荷軽減策としても有効。 |
| 開発者と運用者の協働 | 運用マニュアルは開発者と運用者の共同作業でつくり上げるもの。ベンダーに丸投げはNG。運用者作成のマニュアルをベンダーにレビューしてもらうとよい。 |
| PDCAによる改善 | マニュアルは1回作成して終わりではない。システムの運用保守は長期にわたって継続する。機能エンハンスもありうる。現場社員からのフィードバックもありうる。常にマニュアルは進化すべきである。その際、版管理は確実に行う。 |

### ●「社内説明会」実施のポイント

| | |
|---|---|
| スライド | 「運用マニュアル」の事前配布以外に、プレゼン内容を簡潔にまとめたスライドも制作すべき。聴衆の理解をサポートする。ただし、スライドの棒読みはNG。 |
| 非言語コミュニケーション | 前述の「メラビアンの法則」を思い出してほしい。「何を話すか」と同様に、「どう話すか」という言語以外のコミュニケーションも大変重要。 |
| 予行演習 | 「本番ぶっつけ一発勝負」はNG。リハーサル（準備）の時点で勝敗を決する。 |
| 聴衆の反応 | 新システムの導入は現場社員にとって影響が大きいことから、本来、新システムの「社内説明会」は緊張の場となるはず。にもかかわらず、居眠り等の無関心を示す反応があった場合は、「新システムへのボイコット（赤点）」だったと真摯に反省する。 |

Engineering SAMURAI のアドバイス

**システム外注は最後まで気を抜けません。有終の美を飾りましょう。**

**COLUMN コラム**

## システム外注 v.s. システム内製 どちらがいいのか？

　本章では、システム外注において発注者がすべき仕事を解説してきました。ひととおり読むと、発注者がすべき仕事の量と質は、仕事の委託先であるベンダーに匹敵するくらいに大変だということがわかるでしょう。

　ここまで大変だとなると、「システム外注」などやめて、システムを自社内で開発する「システム内製」に切り替えたいと考える発注者もいるのではないでしょうか？

　実は、**IT先進国の米国では、むしろシステムは内製が主流**です。ベンダーではなく各々の一般企業が社内SEを抱え込んで、自社専用のシステムは社内で開発するスタイルが多数派なのです。そもそも、米国企業はクラウドサービスやパッケージソフトウェアを可能な限り活用して、システムのスクラッチ開発は必要最小限にしています。さらに米国社会ではフリーランスが多く、人材の流動性が高いことから、プロジェクトごとに渡り鳥的に働くエンジニアも多いのです。

　変にこだわる必要はありません。外注と内製のメリット・デメリットを冷静に比較したうえで、自社にとって最適な手段を選べば、それでいいでしょう。

|  | システム外注 | システム内製 |
|---|---|---|
| メリット | ・「餅は餅屋」の安心感<br>・ITを気にせず本業に専念できる<br>・他社のリソースを有効活用できる | ・業務知識の理解度が高くなる<br>・他社との調整コストを省ける<br>・技術を社内に蓄積できる |
| デメリット | ・「ベンダーロックイン」の恐れ<br>・他社が絡むゆえのリスク<br>（ベンダーの倒産や情報漏洩など） | ・社内SEの人件費がかかる<br>・社内SEの採用や育成は難易度が高く、退職リスクもある |

No. 52〜64

## Chapter 6

# ベンダーと結ぶ契約で注意すべき法律上のポイント

実際にシステム開発を外注するにあたっては、当然ながらベンダーと契約書を交わすことになります。この際に、最低限知っておきたい法律上のポイントを紹介していきます。

※ただし、筆者は法律の専門家ではないので詳細な法律論には深入りしません。ビジネスパーソンとして知っておかなければならないポイントを、筆者なりに噛み砕いて解説するに留めます。

# 契約書がないと、紛争時にも証拠を出せない

### お互いの行動の指針とするためにも必ず作成する

## 🔍 法律をまったく知らない状態は大変危険

そもそも、**ビジネスとは契約そのもの**です。システム開発の外注もビジネスであり、当然、契約に基づいてさまざまな業務が遂行されます。契約の内容を根拠として、ベンダーはシステム開発を行い、発注者はその対価を支払うのです。

にもかかわらず、その契約に関する法律知識を知らない、難しそうなので勉強したくない、と敬遠する発注者が少なくありません。それは大変危険な態度であることを、まずは認識してほしいと思います。

## 🔍 経産省が用意している雛形が使える

残念ながら、システム外注の世界では、発注者とベンダーとの紛争（裁判沙汰）が多く生じています。そうしたトラブルの際、正式な契約書を作成していないと、問題が大きくなりがちです。

**民法の規定によれば、書面によらない口頭の約束でも、契約は成立します**。しかしそうしたケースでは、紛争となっていざ裁判になると、お互いに「言った、言わない」の水掛け論に終始せざるを得ません。契約書という確固とした証拠がないので、お互いにそうするしかないのです。結果、裁判で自社に不利な結論が出てしまう可能性もあります。契約書の作成は、万一のトラブルに備えるためには必須の行為なのです。

また、**契約書は発注者とベンダーがお互いに気持ちよく、スムーズに"協働"するためにも必要**です。お互いの責任の範囲が明確になるので、ビジネスの現場での「ルールブック」としても機能するのです。

なお、契約書の作成については、**経済産業省が「モデル契約書」を用意している**ので（右図参照）、まずはそちらを使用するといいでしょう。

# Chapter 6

ベンダーと結ぶ契約で注意すべき法律上のポイント

##  契約書作成の目的

1. 契約当事者の意思を明確に表示する
2. 契約当事者の責任範囲を明確にする
3. 契約当事者の行動指針（ルールブック）とする
4. 紛争時の確固たる証拠とする

契約は「ホワイトリスト方式」です。つまり、契約書に明記されていることがすべてで、記載のない事項は法の規定に従います。

### ● 経済産業省のモデル契約書

「システム基本契約書」というすべての取引において必要とされる事項をまとめた契約書と、「重要事項説明書」という個別契約に特化した契約書をペアで使用するのが通例です。
http://www.meti.go.jp/policy/it_policy/softseibi/index.html#05

「モデル契約書」（追補版）の構成

| 「システム基本契約書」 | 「重要事項説明書」 |
|---|---|
| 第1条（本契約の構造）<br>第2条（契約内容の確定及び変更等）<br>第3条（協働と役割分担）<br>第4条（連絡協議会の設置）<br>第5条（ユーザがベンダに提供する資料等及びその返還）<br>第6条（再委託）<br>第7条（秘密情報の取扱い）<br>第8条（個人情報）<br>第9条（報告書の著作権）<br>第10条（損害賠償）<br>第11条（解除）<br>第12条（権利義務譲渡の禁止）<br>第13条（協議）<br>第14条（和解による紛争解決・合意管轄） | A.「要件定義支援及びパッケージソフトウェア候補選定支援業務契約（カスタマイズモデル）」<br>B.「パッケージソフトウェア選定支援及び要件定義支援業務契約（カスタマイズモデル）」<br>C.「パッケージソフトウェア選定支援及び要件定義支援業務契約（オプションモデル）」<br>D.「外部設計支援業務契約」<br>E.「ソフトウェア設計・制作業務契約」<br>F.「構築・設定業務契約」<br>G.「データ移行支援業務契約」<br>H.「運用テスト支援業務契約」<br>I.「導入教育支援業務契約」<br>J.「保守業務契約」<br>K.「運用支援業務契約」 |

Engineering SAMURAI のアドバイス

「ビジネスとは契約である」と肝に銘じ、細かい条項にもしっかり目をとおしましょう。

# 契約に関する民法の基礎知識を身につける

細かい規定にも細心の注意を払うこと

## 🔍 「契約自由の原則」は自己責任に通じる

契約に関連する法律として民法があります。この民法の根底には、「契約自由の原則」がありますから、まずはこれについて知っておきましょう。

大まかに言うと、法の「強行規定」などの「例外的な事項」を除いては、契約当事者が契約を自由に締結できるという原則です。「私人間の契約に公権力が介入するのは、極力控えている」とも言えます。

ここで大事なポイントは、"自由には常に責任が伴う"ということです。「自由な契約を結んでよい」ということは、「契約書の内容に関しては自己責任である」ことを意味します。つまり、「強行規定」に抵触しない限りは、契約書の内容が法の「任意規定」より優先されるのです。

この原則に鑑みるに、契約書を作成する際には、法の任意規定を自社にとって有利な契約条件に"上書き"することを目指すことになります。

ここまで読むと、契約書の重要性が改めて理解できるでしょう。仮に下記のような失敗をしたとしても、契約書で物事が決まる以上はすべて自己責任ですから、契約書の内容には常に細心の注意を払わないといけません。

1. 契約書に不利な内容があるのを見落としてしまった。
2. 契約書に明記すべき内容を書き漏らしてしまった。
3. 契約書に誤った内容を書いてしまった。

## 🔍 基本的な法律用語を理解すべし

法律の世界には難解な用語が多いです。日常ではほとんど使わないような言葉もありますし、日常用語のように見えるのに、法的には独特の意味を持つ言葉もあります（右図参照）。少しずつでもいいので、こうした法律用語も覚えていってください。その都度、調べる習慣も重要です。

# Chapter 6

ベンダーと結ぶ契約で注意すべき法律上のポイント

## 「契約自由の原則」と頻出用語

### ● 4つの自由で構成されている

**契約自由の原則**

- **締結自由の原則**: 契約を締結するかどうかを、当事者が自分自身で決定できること。
- **相手方自由の原則**: 契約の相手方を誰にするかを、自由に決められること。
- **内容自由の原則**: 契約の内容を自由に決められること。(法の「任意規定」を上書きできます。具体的には、金額、支払方法、納期、瑕疵担保責任などは、当事者間で自由に決められます。)※
- **方法自由の原則**: 契約は当事者間の合意だけで成立すること。つまり、必ずしも書面を必要としません(しかし、実務においては契約書を必ず作成すべきです)。

※「強行規定」は上書きできませんから、公序良俗に反する契約は禁止されます。たとえば「奴隷契約」や「殺人依頼契約」などは無効となります

### ● システム外注での頻出「法律キーワード」

| | |
|---|---|
| 債権、債務 | 債権は「相手方に要求できる権利」、債務は「相手方に対して負っている義務」のこと。 |
| 瑕疵(かし) | 機能や役割が不十分であること。いわゆる「欠陥」。情報システムでは、通常「バグ(プログラム不良)」のことを指します。 |
| 修補(しゅうほ) | 瑕疵を直すこと。情報システムでは、通常「バグ修正」のことを指します。 |
| 故意、過失、重過失 | 故意は「わざと」「意図的」、過失は「注意不足」、重過失は故意と同視すべき重い過失のことです。 |
| 担保 | 契約で決めた約束事の遵守を保証する仕組みのこと。たとえば、契約違反時には損害賠償金を支払う義務などを指します。 |
| 善管注意義務 | 「善良なる管理者の注意義務」を指します。たとえば、ベンダーがITの専門家として負うことが期待される注意義務など。 |

**Engineering SAMURAI のアドバイス**

初心者は、まずは業務に関連するキーワードを学ぶことから始めてください。

# 2大契約形態の「請負」と「準委任」の違いを知る

**依頼する仕事の内容に応じて使い分ける**

## 🔍 システム外注では通常、どちらかの契約を交わす

　契約は、前述した民法の契約自由の原則に基づき、基本的には自由な内容で締結できます。ただし、そうは言いながらも、民法は代表的な契約形態である「**典型契約（有名契約）**」13種類を規定しており、システム外注ではこのうちの「**請負契約**」（民法第632条）か「**準委任契約**」（民法第656条）が締結されるケースが多いです。

　なお、厳密に言うと、典型契約として規定されているのは「委任契約」（民法第643条）で、この契約は法律行為（例：弁護士への依頼）だけを対象としています（システム開発に関する仕事は対象外）。そこで、ベンダーに仕事を委託する契約を締結したい場合には、委任契約の規定をシステム開発に関する仕事にも当てはめて（＝準用して）、契約を締結します（民法第656条）。すなわち、委任契約を"準用"する契約ということで、「"準"委任契約」と呼ばれています。

## 🔍 成果物の要件定義をどちらがするかが重要になる

　「請負」も「準委任」も、ベンダーに対して仕事を委託するという点においては違いはありません。両者の差異は、契約の目的にあります。
　**請負契約では、"仕事の完成（成果物を作成完了すること）"を目的とする**のに対し、**準委任契約では"仕事の完成"を目的としません**。また、**請負契約では"ベンダーが作成した成果物"に対して報酬を支払う**のに対し、**準委任契約では"ベンダーが行う労働"に対して報酬を支払います**。
　請負契約は、発注者が要件定義を明確に行わない限り成立しないので、**ベンダーに要件定義まで支援してもらう場合には、準委任契約が適している**というわけです。また、**システム運用保守の委託も準委任契約**です。

# Chapter 6
ベンダーと結ぶ契約で注意すべき法律上のポイント

## 「請負契約」と「準委任契約」

**民法規定の「典型契約」13種類**

終身定期金 / 消費賃貸 / 使用賃貸 / 賃貸借 / 和解 / 組合 / 贈与 / 売買 / 雇傭 / 寄託 / 交換 / 委任 / **請負**

→ **準委任** 準用

**請負** （民法 第632条）　請負は、当事者の一方がある**仕事を完成する**ことを約し、相手方がその**仕事の結果に対してその報酬を支払う**ことを約することによって、その効力を生ずる。

**準委任** （民法 第643条）　委任は、当事者の一方が**法律行為**をすることを相手方に委託し、相手方がこれを承諾することによって、その効力を生ずる。
（民法 第656条）　この節の規定は、**法律行為でない事務の委託**について準用する。

### ●2つの契約形態の違い

|  | 請負 | 準委任 |
|---|---|---|
| 契約の目的 | 仕事の完成 | 労働を代行してもらう |
| 報酬を支払う対象 | 成果物 | 労働 |
| 報酬の支払条件 | 成果物の検収合格後 | 仕事の履行分の報酬請求権 |
| ベンダーが負う責任 | 瑕疵担保責任 | 善管注意義務 |
| 再委託 | 原則は自由（特約により変更可） | 原則は禁止（特約により変更可） |
| 報告義務 | なし | あり |
| 委託の対象とすべき仕事の例 | 基本設計〜システムテストの開発工程 | 要件定義支援、受入テスト支援、システム運用保守 |

**Engineering SAMURAI のアドバイス**

両者の違いを把握して、実態に応じた適切な契約形態を選択しましょう。

# 請負契約では、ベンダーも発注者も大きな責任を負う

## どちらにとっても責任重大

### 🔍 ベンダーは債務不履行責任や瑕疵担保責任を負う

　前項でも示したように、請負契約は仕事の完成を目的とする契約です。そしてシステム外注における"仕事の完成"とは、**ベンダーがシステムを完成させて、その成果物が発注者の検収に合格したタイミング**、あるいは**ベンダーがシステムを発注者に引き渡したタイミング**を指すことが多いです（契約内容にもよります）。

　つまり、発注者が代金を支払う対象は、"成果物としてのシステム"です。これが意味するのは、ベンダーはシステム開発を完了し、発注者の検収に合格できる（＝発注者が一応は満足する）システムを引き渡すまでは、システム開発代金を支払ってもらえないということです。さらには、ベンダーは契約上の納期に間に合わなければ「**債務不履行責任**」、検収後に重大な問題が発覚したならば「**瑕疵担保責任**」を負います。**請負契約は、ベンダーにとってはリスクが高く、責任が重い契約形態**なのです。

### 🔍 発注者側の責任も大きい

　上記のような理由があるため、一般的に発注者は、準委任契約よりも請負契約を好む傾向にあります。またベンダーにとっても、責任は重いものの、請負契約であれば契約締結の時点でまとまった売上額の見とおしが立ちますから、必ずしも請負契約を結ぶことに消極的ではありません。
「それなら、請負契約だけでいいのでは？」と思う人がいるかもしれませんが、必ずしもそうとは言えません。請負契約は、契約締結時点で"成果物に求める要件"を厳密に定義しなければならず、またその要件についても完全な自己責任となるなど、**発注者にも大きな責任が生じる契約**だからです（右図参照）。この点は、しっかりと認識しておきましょう。

# Chapter 6

ベンダーと結ぶ契約で注意すべき法律上のポイント

##  請負契約での注意点

**実は、発注者にとっても請負契約は「諸刃の剣」です。**

**「要件定義」は発注者の自己責任である**

「請負」は、「要件(=成果物の完成形)」の定義が完了していることを前提とする契約形態です。**要件が不明だと、ベンダーは工数(費用)を正確に見積ることができません。**さらには、ベンダーの「債務不履行」や、システムの「瑕疵」の判断基準となるべき「要件」が曖昧なままだと、発注者の権利を主張することも困難になります。

**契約締結後の「要件」の後づけは困難である**

「請負」の場合、契約締結後に「要件」の後づけ(=追加や変更)を行うことは難しいです。契約や見積りの前提が覆ることになるからです。**費用の追加請求や、開発スケジュールの再調整などをベンダーから要求されることになります。**その結果、当初想定していた予算や納期を大幅に超過してしまうリスクが生じます。

**「偽装請負」に抵触しないようにすること**

ベンダー(特にPM)が頼りないと、ついつい、ベンダーの人員に対して発注者が直接的に指図(命令)したくなるかもしれません。しかし、この行為は「偽装請負」となり、コンプライアンス(法令遵守)に違反します。**直接的に指図できないからこそ、「要件定義」でベンダーを律することが重要**なのです。

**「検収」には責任を持つこと**

「請負」の場合、代金の支払条件となる「仕事の完成」の判断基準が、「ベンダーの成果物が発注者の検収に合格すること」となります。そのため、発注者は検収プロセス(例:合格基準、テスト方法、テスト期間等)の詳細を、ベンダーに対して公開する必要があります。そうしないと、「発注者が検収を意図的に引き延ばして、支払いを遅らせるのではないか?」と、ベンダーが発注者に対する不信感を抱くでしょう。**検収プロセスの明示は、発注者の説明責任(アカウンタビリティ)の一環**なのです。

Engineering SAMURAI のアドバイス

**請負契約できちんと要件定義ができないと、最悪の場合、訴訟沙汰になることもあります。**

# 成果物を前提としない仕事では、準委任契約が原則

## その都度払いの契約形態

### 適している業務はある程度決まっている

　請負契約が、仕事の完成を目的とするのに対し、準委任契約は"仕事をしてもらうこと"自体が目的です。つまり、準委任契約では成果物を前提としておらず、そのため原則として検収もありません。代金の支払いは、仕事の履行(りこう)に応じて、その都度払いとなることが多いでしょう（これも契約内容によります）。

　発注者が準委任契約を用いるべきなのは、主に次のような場合です。

1. **契約締結時点では要件を定義しきれない場合**（例：要件定義支援など）
2. **成果物を前提としない仕事を委託する場合**（例：システム運用保守、コンサルティング、受入テストなど）
3. **要件の追加や変更が頻繁に生じる場合**（例：アジャイル開発など）

　上記のようなケースで請負契約にしてしまうと、リスクを嫌うベンダーが契約を拒否したり、追加費用を頻繁に請求されたりといった不都合が生じることもあります。

### ベンダーに瑕疵担保責任はないが、善管注意義務は発生する

　**準委任契約では、ベンダーは瑕疵担保責任を負いません**。代わりに「**善管注意義務**」を負います。

　善管注意義務とは、「善良な管理者の注意義務」のこと。一般的には「専門家として相応(ふさわ)しい注意深さ（＝同業者と等しいレベルの注意深さ）をもって仕事に努めること」だと言われています。噛み砕いて言えば、「プロならば、プロの名に恥じない仕事をしなければならない」という義務です。

　この説明でもわかるように、善管注意義務は基準が曖昧な概念です。これが、発注者が準委任契約を敬遠する一因にもなっています。

# Chapter 6

ベンダーと結ぶ契約で注意すべき法律上のポイント

## 準委任契約での注意点

**善管注意義務** （民法第644条） 受任者は、委任の本旨に従い、**善良な管理者の注意**をもって、委任事務を処理する義務を負う。

換言すると、「同業者の一般的な水準に劣る質の仕事」では、「善管注意義務違反」と認定される可能性があります。

### 要件の肥大化の抑止に努めなければならない

「準委任」は、要件がしっかり固まっていない場合に適しています。しかし、**要件の後づけに対するハードルが下がる**ため、「請負」以上に要件が肥大化してしまう傾向にあります。発注者側のリーダーが、「要件」の優先順位を決定して取捨選択をしない限り、コストが予算内に納まらなくなる、あるいは、納期が予定スケジュールから遅延するリスクが「請負」以上に高まりますので要注意です。

### ベンダーの仕事振りの監視を怠らないこと

「請負」と比べると「準委任」はベンダーにとって責任が軽い(リスクが小さい)契約形態です。ただし、ベンダーは「善管注意義務」を負いますが、「情報の非対称性」があるため、発注者がベンダーの「善管注意義務」違反を判断するのは困難です。「準委任」の場合、ベンダーは仕事の状況の「報告義務」も負うため、ベンダーから定期的な報告(例:週報や定例会議)を受けて、発注者がベンダーの仕事振りを逐一「監視」するようにしましょう。**「請負」以上に用心深さが必要**です。

### 「偽装請負」に抵触しないようにすること

「請負」の場合と同様に、「準委任」の場合においても、発注者がベンダーの人員に対して直接的に指図(命令)することは法で禁じられています(発注者に指揮命令権があるのは、「派遣」契約の場合です)。発注者の要求は、ベンダーの管理者(PM)に伝達するようにしましょう。**「ベンダーの人員に指図(命令)できるのは、ベンダーのPMである」**というルールに留意してください。

Engineering SAMURAI のアドバイス

**準委任契約なら、追加費用を払えば「要件の後づけ」も可能と考えることもできます。**

# 表裏一体の「協力義務」と「プロジェクト管理義務」

## そのほかにも、自動的に生じる法的義務がある

### 発注者には「協力義務」が生じる

　発注者は代金を支払う顧客の立場であるため、「金さえ払えば、あとは何もしなくてよい」と考えがちです。しかし、**契約を締結すると、発注者にもベンダーに対する「協力義務」が自動的に生じます**から要注意です。

　日本の裁判所は、「システム開発では、発注者とベンダーは協働するパートナー（対等な関係）である」と考えています。そのため、万一の紛争時にも、発注者に協力義務違反があると裁判所が判断すれば、発注者にとって不利な判決が出ることもよくあります。

　「発注者の協力なしではベンダーが動けない状況なのに、発注者が協力しない」「ベンダーからの協力依頼を無視する」「発注者がベンダーに対して理不尽な要求をする」などの行為は、協力義務違反と見なされる可能性が高いので、避けないといけないのです。

### ベンダーには「プロジェクト管理義務」がある

　発注者が上記の協力義務を負う一方で、**ベンダーは「プロジェクト管理義務」を負っています**。請負契約でも準委任契約でも、発注者はベンダーに対する指揮命令権を有しません。つまり、発注者はベンダー側の人員に対して、作業の指示を直接行うことはできません（禁止されている「偽装請負」に抵触します）。そのため、**ベンダーのPMが、プロジェクトの管理を適切に行わなければならない**のです。

　この義務を遂行するため、ベンダーには「ITの専門家として、発注者からの理不尽な要求を拒絶する義務」さえ生じます。たとえば、発注者の追加要求で納期遅れが生じそうな場合には、ベンダーは専門家としての見地に基づき、その要求を拒絶（または是正）しなければならないのです。

# 発注者の違反行為の例とベンダーの説明責任

## ● 発注者の「協力義務」違反の例

しかるべき期限までに
- 発注者が完了すべき仕事（役割）を果たさない
- 発注者がすべき判断（決定）をしない
- 発注者がベンダー用の作業環境を整えない
- 発注者がベンダーに対して情報を提供しない

契約の範囲を逸脱する作業を依頼する

> 特に「請負」の場合は、「契約の範囲≒要件定義」と考えることができるため、契約締結時に定めなかった要件の後づけを、ベンダーに対して無理強いすると、「契約範囲の逸脱」と見なされる可能性があります。

## ● ベンダーの「説明責任」の例

「情報の非対称性」に鑑みるに、ベンダーはプロジェクトの進捗管理を行うだけでは不十分で、発注者の意思決定を適切に支援する義務も負っている、と考えられます。具体的には、ITの専門家としての「説明責任（アカウンタビリティ）」を果たさなければならない、ということです。

- 発注者の意思決定を要する事項とその期限を具体的に明示する
- 発注者が適切な意思決定を行うに足るだけの説明（情報提供）を行う
- 専門家として、発注者のワガママに歯止めをかける
- 潜在的なリスクを分析し、リスク回避策を提言する
- 生じた問題は隠さずに発注者と共有し、解決策を一緒に考える
- 発注者が抱える問題を「見て見ぬフリ」はせずに指摘する

Engineering SAMURAI のアドバイス

**お互いが協力して、システムの開発という最終目標に向けて進んでいきましょう。**

# 「一括請負契約」は避け、できるだけ「多段階契約」にする

**一括請負契約は大博打だと心得よう**

## 多段階契約のほうが業務の実態にも合っている

　システム開発は、最初の「要件定義」から最後の「検収合格」に至るまで、複数の工程に分かれています。それらの工程すべてを一括して請け負う「**一括請負契約**」という契約形態があります。

　前述したように、一般に発注者は、準委任契約よりも請負契約を好みます。請負契約なら、契約締結時点で必要金額が確定するため予算を立てやすく、さらには善管注意義務が曖昧であることも避けられます。

　こうした理由で、システム開発のすべてを一括請負契約で片づけてしまいたい、という動機が発注者には生じがちなのですが、**一括請負契約はリスクが極めて大きいので、できれば避けたほうがいい**でしょう。特に、システム開発の規模が大きくなればなるほど、要件の追加や変更の可能性が高まるため、下記のようなリスクが高まります。

1. 要件の追加や変更のたびに、スケジュール（納期）の見直しが必要となる。
2. 要件の追加や変更のたびに、ベンダーから代金を追加請求される。
3. 要件に関する認識ギャップのために、ベンダーと揉める確率が高まる（特に検収のタイミングで、発注者が要件定義のミスに気づくパターンが多い）。

　すでに述べたように、要件定義支援や受入テスト支援、システムの運用保守、あるいはコンサルティングなどの業務をベンダーに依頼したい場合、また要件の変動が激しいアジャイル開発を行いたい場合にも、業務の内容からして契約形態は請負ではなく準委任のほうが適しています。

　全体を一括請負で契約するのではなく、個々の工程に応じて「請負」と「準委任」を適切に使い分け、工程ごとに個別に契約を締結する「**多段階契約**」も考慮すべきだと筆者は思います。

# Chapter 6
ベンダーと結ぶ契約で注意すべき法律上のポイント

##  契約締結のパターン例

**システム開発プロセス**
（ウォーターフォール型開発の場合）

**契約の組み合わせの例**

```
要件定義 ──→ 「要件定義」は難しい作業であるため、発注者独力ではできない場合があり、その場合、「要件定義の支援」をベンダーに依頼します。※

基本設計（外部設計）──→ 基本設計は発注者の意思決定に大きく依存し、要件の後づけが生じやすい工程です。※

詳細設計（内部設計）
実装                    ──→ 「一括請負契約」は一見、発注者にとって有利な契約形態に見えますが、ベンダーが抱え込むリスクが甚大であるため、ベンダーが出してくる見積額が跳ね上がりがちです（巨大なリスクを織り込んだ金額となるため）。
単体テスト
結合テスト
システムテスト          ──→ 「詳細設計（内部設計）」〜「システムテスト」までの工程は、上流工程で定義された要件に従って、システム開発を粛々と進めるだけ（のはず）です。そのため、「請負」に適した工程となります。

受入テスト ──→ 「受入テスト」は本来、発注者が行うべきテストですが、発注者独力では手に負えない場合は、「受入テストの支援」をベンダーに依頼します。※
```

契約の組み合わせ（左から右へ）：
- 一括請負
- 準委任 / 請負
- 準委任 / 請負 / 準委任
- 準委任 / 請負 / 準委任

**多段階契約**
複数の契約に分かれていて、工程の性質に応じて「請負」と「準委任」を使い分ける。

※「要件定義の支援」「受入テストの支援」は、ベンダーが支援する（成果物をつくるのではなく作業をしてもらう）業務ですから「準委任」が適しています。
※「基本設計（外部設計）」も、要件の後づけが出てきやすいため「準委任」にしたほうがよい場合があります。

**Engineering SAMURAI のアドバイス**

**多段階契約なら契約形態を使い分けられるほか、仕切り直しのチャンスも増やせます。**

# 「債務不履行責任」と「瑕疵担保責任」を理解しておく

ベンダーがなすべき仕事をしない場合に追及する

## システムの完成前後で変わる

「債務不履行」とは、契約で約束した義務（債務）を果たさないことを指します。平たく言えば「契約違反」です。

さらに債務不履行には、「履行遅滞」（例：システムの完成が納期に間に合わない）、「履行不能」（例：技術的にシステムを完成できない）、「不完全履行」（例：システムが要件に合致していない）の3種類があります。

他方、民法には「瑕疵」という概念もあります。瑕疵とは、システム開発においては通常、バグ（プログラム不良）のことを指します。

債務不履行（特に不完全履行）と瑕疵の違いがわかりにくいのですが、両者を明確に分ける基準は"システムが完成しているか否か"だと考えれば理解しやすいでしょう。システムの不具合は、システムの完成前ならば債務不履行となり、システム完成後ならば瑕疵になると覚えてください。

もっとも「システムにバグは必ず残存する」という厳然たる事実は、裁判所も承知済みです。「契約の目的をまったく達成できない」ような深刻な不具合を除いて、債務不履行は認められないことが多いので要注意です。

## 発注者がベンダーに対して有する権利

ベンダーの債務不履行や瑕疵に対して、発注者が対抗するために行使できる権利は以下の3種類に大別されます。こちらも覚えておきましょう。

1. ベンダーに仕事を遂行する（例：システムの不具合を改修する）ように要求する権利（債務不履行の場合は「履行請求権」、瑕疵の場合は「瑕疵修補請求権」）
2. 賠償金を請求する権利（「損害賠償請求権」）
3. 契約を解除する権利（「解除権」）

# Chapter 6
ベンダーと結ぶ契約で注意すべき法律上のポイント

## 「債務不履行」と「瑕疵」

民法の規定では1年間ですが、「任意規定」のため当事者間の契約で変更できます。そのため、契約書で変更されている場合には、期間が短すぎないかチェックが必要です

**責任の発生**（≒契約締結時）　　　**成果物の引き渡し**（＝発注者の検収に合格する）　　　**責任の終了**（＝「瑕疵担保責任の存続期間」の終了）

###  債務不履行

- 履行不能
- 履行遅滞
- 不完全履行

**債務者（ベンダー）の義務**

**過失責任**　ベンダーは過失がある場合のみ責任を負います。つまり、ベンダーは「過失がない」ことを証明する必要があります。

**債権者（発注者）の権利**

- 履行請求権（民法第414条）
- 損害賠償請求権（民法第415条）
- 解除権（民法第541条）

ベンダーに対して仕事の履行を催促せずに、いきなり契約を解除することはできません。また、催促の結果、ベンダーが仕事を履行した場合も「解除権」を行使できません

※ **準委任契約の場合は「仕事の完成」がないため、ベンダーは瑕疵担保責任を負いません。ただし、ベンダーが「善管注意義務」に違反すると「債務不履行」になります。**

###  瑕疵

「瑕疵」とは「成果物が要件に合致していない」ことを指します。簡単に言うと「バグ（プログラム不良）」のことです

ベンダーは瑕疵担保責任を負います（民法第570条、第566条）。

**債務者（ベンダー）の義務**

**無過失責任**　ベンダーは過失の有無によらずに責任を負います。

「任意規定」のため、当事者間の契約によって「無過失責任」を「過失責任」に変更することもできます。そのため、契約書で「過失責任」に変更されていないか、確認が必要です

**債権者（発注者）の権利**

- 瑕疵修補請求権（民法第634条）
- 損害賠償請求権（民法第634条2項）
- 解除権（民法第635条）

「解除権」の行使は、「契約の目的を達成できない」ような深刻な問題がある場合に制限されています

Engineering SAMURAI のアドバイス

**ベンダーの瑕疵担保責任が任意規定である点が、盲点になりがちです。**

# 「知的財産権」についての知識は欠かせない

### 身近であるがゆえにひと筋縄にはいかない

## 🔍 ソフトウェアは知的財産権の塊

「**知的財産権**」は、「**産業財産権（特許権など）**」や「**著作権（著作者財産権、著作隣接権、著作者人格権など）**」、「**その他の権利**」を総称したものです。ベンダーが開発したシステムには、これらの権利が発生します。

なかでも特に要注意なのが、特許権と著作権、著作者人格権です。

このうち特許権に関しては、**外注したシステムに関する特許を出願する場合に、発注者とベンダーのどちらが「特許権者」になるのか、あらかじめ契約書で規定しておく必要があります**。また、「第三者の知的財産権を侵害していないことの保証」を、ベンダーに求める条項も必要でしょう。

## 🔍 2つの大きな落とし穴を避けよう

著作権と著作者人格権については、身近な権利である割には難解で、落とし穴もたくさんあります。専門家の助言や継続的な学習が必要でしょう。ここでは、システム外注で特に注意すべきポイントだけを紹介します。

まず、発注者がベンダーから、成果物に関する著作権の譲渡を受けたい場合には、**著作権のうちの「翻訳権、翻案権等」と「二次的著作物の利用に関する原著作者の権利」は、契約書に権利名を明確に記して譲渡する旨を示さないと譲渡されない**ので、要注意です（たとえ「著作権をすべて譲渡する」と契約書に書かれていても、権利譲渡の対象外と判断されます）。

また著作者人格権のうちの「**同一性保持権**」にも注意が必要です。**著作者人格権は、システムの著作権（著作者財産権）を発注者に譲渡したとしても、ベンダーが保有し続ける**権利なので、「著作者人格権の不行使」の特約を契約書に盛り込んでおかないと、発注者は、ベンダーの許諾なしでは、システムを一切改変できなくなってしまいます。

# Chapter 6
ベンダーと結ぶ契約で注意すべき法律上のポイント

##  知的財産権の構造

「著作権」や「著作者人格権」は、複数の"支分権"からなる権利の束です。

### 知的財産権

**産業財産権**
- 特許権
- 実用新案権
- 意匠権
- 商標権

**その他の権利**
- 回路配置利用権
- 育成者権

### （広義の）著作権

**著作権（著作者財産権）**
- 上演権、演奏権
- 上映権
- 頒布権
- 口述権
- 公衆送信権
- 展示権
- 貸与権
- 複製権（第21条）
- 譲渡権（第26条の2）
- 翻訳権、翻案権等（第27条）
- 二次的著作物の利用に関する権利（第28条）※

**著作者人格権**
- 著作者の公表権（第18条）
- 指名表示権（第19条）
- 同一性保持権（第20条）

**著作隣接権** ※主に放送や出版、演奏などに関係する権利であるため、ここでは省略します。

 契約書に明記しなければ、移転の対象から漏れる権利がある。

 「著作権」を譲渡しても、「著作者人格権」は譲渡されない。

**Engineering SAMURAI のアドバイス**

プログラム本体だけでなく、仕様書やマニュアル等の著作権にも気をつけてください。

---

※「二次的著作物」とは、ある著作物を翻訳または翻案して創作された著作物を指します。たとえば、ソフトウェアAのソースコードをベースとして改造（翻案）されたソフトウェアBがある場合、BはAの「二次的著作物」という扱いになります。

# 自社の規模によっては下請法も意識する

### 些細なバグを理由にした代金支払いの拒否はできない

## 🔍 検収は"仕事の完成"を判定する場

　繰り返しになりますが、請負契約の場合は"仕事の完成"をもって、引き渡された成果物に対する代金が支払われます。この仕事の完成を発注者がチェックする作業が「**検収**」です。

　勘違いされがちですが、検収の目的は「瑕疵（バグ）がまったくないことを確認する」ことではなく、「ベンダーが最後の工程まで完了したかどうかを確認する」ことにあります。**「瑕疵が残存している」という理由だけで、検収を拒否することはできません**から注意してください。

　ベンダーが瑕疵を修正できる見込みがあるのであれば、発注者は前述した瑕疵修補請求権を行使することになります。つまり、ベンダーの仕事の完成を認めて代金を支払い、その後に（あるいは同時並行して）バグを修正してもらうのです。**「契約の目的を果たせない」ような深刻な不具合でない限りは、ベンダーがすぐに直せるような軽微なバグを口実にして、発注者が代金支払いを拒むことはできない**と認識しておきましょう。

## 🔍「受領日」と「検収日」には注意する

　また、発注者が大企業であり、ベンダーが中小企業という場合には、「**下請法**」についても留意する必要があります。取引が下請法の対象に該当する場合、代金の支払期日は、発注者がベンダーからシステムを受領した日から数えて60日以内にする必要があります。**システムの検収日ではなく、受領日**となっている点に注意しましょう。

　一方、ベンダーが瑕疵担保責任を負う期間は、民法の任意規定に相当します。契約書で規定する場合、**検収日を瑕疵担保責任期間の起点とする**ことが多いです（例：検収日から1年間）。

# Chapter 6

ベンダーと結ぶ契約で注意すべき法律上のポイント

## 受領日と検収日の関係

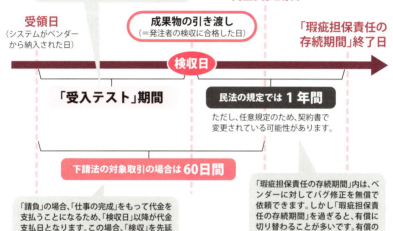

- 「受入テスト」で瑕疵（バグ）が発見された場合には、検収のあとに「瑕疵修補請求権」を行使して、バグの修正をベンダーに依頼することになります
- **受領日**（システムがベンダーから納入された日）
- **成果物の引き渡し**（＝発注者の検収に合格した日）
- **下請法の規定による代金支払期日**
- **「瑕疵担保責任の存続期間」終了日**
- **検収日**
- 「受入テスト」期間
- **民法の規定では 1 年間** ただし、任意規定のため、契約書で変更されている可能性があります。
- **下請法の対象取引の場合は 60 日間**
- 「請負」の場合、「仕事の完成」をもって代金を支払うことになるため、「検収日」以降が代金支払日となります。この場合、「検収」を先延ばしにすれば、代金支払日も先延ばしできそうに思えますが、「下請法」が適用される取引では、この作戦は通用しません
- 「瑕疵担保責任の存続期間」内は、ベンダーに対してバグ修正を無償で依頼できます。しかし「瑕疵担保責任の存続期間」を過ぎると、有償に切り替わることが多いです。有償の「システム保守契約」の締結を求められることもあります

● **下請法の適用範囲**

① 「1,000万円≦発注者の資本金≦3億円」かつ「ベンダーの資本金＜1,000万円」
② 「3億円＜発注者の資本金」かつ「ベンダーの資本金≦3億円」
上記2つの条件のうち、いずれかにあてはまる取引が適用対象となります。

特に「ITベンチャー」のような小規模なベンダーにシステム開発を外注する場合、下請法の対象取引に該当しやすいので注意が必要です。

Engineering SAMURAI のアドバイス

**検収を故意に引き延ばす（あるいは拒絶する）のは、百害あって一利なしです。**

# 秘密保持と再委託に関する規定も必ず入れる

## 秘密情報の公開範囲と漏洩リスクは正比例の関係

### 🔍 システム外注のアキレス腱「秘密保持契約（NDA）」

システム外注において、情報セキュリティ対策は重大な課題です。換言すれば、「秘密情報の漏洩防止」です。

システムを外注する際には、発注者がベンダーに対して秘密情報を提供せざるを得ない局面が多々ありますから、発注者は、自らの秘密情報がベンダーから漏洩するのを抑止する必要があります。その具体的な方法は第8章でも解説しますが、本項では法律（契約）の観点から、「**秘密保持契約（NDA: Non-Disclosure Agreement）**」について短く解説しましょう。

NDAを交わす目的は、「秘密保持義務（開示範囲の制限）」と「秘密情報の目的外使用の禁止義務」をベンダーに課すことです。そのためには、**あらかじめ発注者が、何を秘密情報とするのか、秘密情報を公開できる相手先はどこまでかを明確に定義する必要があります**。こうした事前の準備を、契約の締結前に抜かりなく行うようにしてください。

### 🔍 IT業界の必要悪「再委託」

ベンダーの再委託先の有無にも注意が必要です。第3章でも言及しましたが、IT業界のベンダーは得意分野別に棲み分けが進んでおり、ベンダー1社だけですべてが片づくことはあまりありません。ベンダーが他のベンダーに仕事を再委託する「多重下請構造」ができ上がっているのです。

取引が下請法の対象となる場合や、準委任契約でも契約内容がベンダーに再委託を許している場合、ベンダーが他社に再委託するのは自由ですから、そのようなケースでは発注者は、**直接取引しているベンダーだけでなく再委託先にも、ベンダーと同等のNDAを遵守させるよう、ベンダーに義務づける規定**を契約に盛り込む必要があります。

# Chapter 6
ベンダーと結ぶ契約で注意すべき法律上のポイント

##  NDAに関して知っておきたいポイント

### ●「秘密」の保護に関する法律

| 法律 | 内容 |
|---|---|
| 個人情報保護法 | 外注先のベンダーの監督は、発注者の義務です。ベンダーに対して、自社と同等の「**個人情報（個人を特定できる情報）の保護体制**」を求める必要があります。 |
| 著作権法 | 「**著作物**」（例：ソフトウェアのソースコード）は、「著作権者」の事前の許諾なしで公開するのを禁じられています。 |
| 不正競争防止法 | 「**営業秘密**」（例：営業上のアイデアやノウハウ）を不正に持ち出すことは禁じられています。 |
| →「営業秘密」とは？ | 「不正競争防止法」（第2条6項）の規定では、下記の要件を満たす情報が「営業秘密」として認定されます。裏を返せば、それ以外は法で保護されていません。 |

※法により「秘密」の保護対象が異なる点に注意しましょう。

| 秘密管理性 | 有用性 | 非公知性 |
|---|---|---|
| 「秘密」として管理されていること | 商業的価値が認められること | 世間一般に公開されていないこと |

### ● NDA作成時のポイント

| 項目 | 内容 |
|---|---|
| 「秘密情報」の定義 | 上述の「営業秘密」より広い範囲を対象とすべきです。「秘密情報」に該当しない情報（例：独自に得た情報、すでに公知の情報）も定義します。 |
| 開示範囲 | 「秘密情報」を開示する範囲（役職、部署など）と、管理責任者を明記します。開示範囲以外の第三者に、無断で開示することを禁じます。 |
| 管理方法 | 上述の「秘密管理性」を充足するための管理を行う義務を規定します。（例：情報の「秘密」性を明示すべく【社外秘】等と表示する／データ暗号化を必須とする／鍵つき棚に収納する、など） |
| 有効期間 | 契約終了日以降の期間においても、「秘密」が保持されるようにすべきです。 |
| 損害賠償 | 情報漏洩時の損害賠償額を規定します。 |
| 調査権限 | 情報漏洩の疑いがある場合、相手方を立ち入り調査できるようにします。 |
| 目的外使用の禁止 | 「競業禁止」とも言います。「秘密情報」を本来の目的以外（例：競合製品の開発）に流用するのを禁じます。 |
| 返還（廃棄） | 契約終了後は、「秘密情報」を確実に返還または廃棄させます。 |
| 秘密保持義務 | 「情報の無断公開の禁止」「秘密情報の管理の徹底」などを規定します。 |

Engineering SAMURAI のアドバイス

**NDAは契約当事者同士での取り決めですから、内容にはよくよく注意しましょう。**

# リスクを洗い出し、契約書でそれらをコントロールする

## 細かい文言はこうすれば簡単につくれる

### 🔍 自社にはどんなリスクがあるのか？

システム外注には、リスクがたくさん存在します。無形物であるソフトウェアを扱うため、「不正利用や権利侵害に気づくのが難しい」というリスクもありますし、ITの玄人であるベンダーと対峙するために、情報の非対称性が生じ、そこからもさまざまなリスクが生じます。**契約書を作成する際には、発注者が抱え込んでいるこうしたリスクを洗い出すことから始める**と、大事なポイントがどこにあるかがわかりやすいでしょう。

契約書とは、発注者とベンダーが「リスクのたらい回し」をし合っている文書だとも言えます。それぞれの項目について、両者のうちどちらが最終的なリスクをかぶるのか、規定しているのが契約書なのです。

### 🔍 あからさまに自社に有利だと、代金や納期の上昇となって跳ね返ってくる

**想定しうるリスクを洗い出したら、次はそれらのリスク要因をコントロールすることを意識して、各条項を具体的に決めていきます。**

ただし、契約書の内容には最終的に双方の合意が必須となるため、発注者に有利なことばかりを書けるわけではありません。ベンダーの側でも、発注者と同じようにリスク回避を意図して、契約書の文言を書き換えようとしてきます。あるいは、**ベンダーの場合には、契約書に内在する自分たちの負うリスクを見越したうえで、そのリスク分をシステム代金の見積額に上乗せし、対抗してくる**こともあります。「損害賠償額の上限」、「瑕疵担保責任」、「著作権の移転」といった内容に関する規定は、特にベンダーの見積額を大きく左右するポイントですから、覚えておいてください。

自社で負わなければならない法的リスクと、それによる代金や納期の上昇を天秤にかけ、"落としどころ"をつくる意識が必要となるでしょう。

# Chapter 6
ベンダーと結ぶ契約で注意すべき法律上のポイント

## 事例⑨ 想定されるリスクへの対応策の例

| リスク | → | コントロール策 |
|---|---|---|

**リスク例その1**
ベンダーが「著作権」を保持したままとなり、発注者がプログラムを自由に改変(修正)できなくなってしまう。ベンダーの鞍替えもできなくなってしまう(ベンダーロックイン)

- 「ベンダーは著作者人格権を行使しない」と契約書に明記する。
- 「すべての著作権(著作権法第27条および第28条の権利を含む)を譲渡する」と契約書に明記する。
- 「著作権法 第47条3項」の権利を主張する。

> (著作権法 第47条3項) プログラムの著作物の複製物の所有者は、自ら当該著作物を電子計算機において利用するために必要と認められる限度において、当該著作物の複製又は翻案(これにより創作した二次的著作物の複製を含む。)をすることができる

**リスク例その2**
ベンダーが発注者の「営業秘密」を漏洩してしまい、損害を被ってしまう

ベンダーが第三者の権利を侵害してしまい、損害賠償請求の訴訟が起きてしまう

ベンダーが納品したソフトウェアに「瑕疵(バグ)」が残存しており、動作不具合による損害(売上機会の損失等)を被ってしまう

- 「損害賠償」の規定を契約書(NDA含む)に明記する。
  (ベンダー側は、「損害賠償額の上限」を低めに設定しようと画策するので注意。ただし、発注者側が莫大な損害賠償額の設定を要求すると、そのリスク分だけ、ベンダーの見積額が跳ね上がることになります。)
- 「瑕疵担保責任」の規定を契約書に明記する。
  (ベンダー側は、「瑕疵担保責任の存続期間」を短めに設定しようと画策するので注意〔例:民法の規定では1年間あるものを、6ヶ月間に短縮しようとする〕。また、瑕疵担保責任は民法の規定では「無過失責任」となっていますが、これは「任意規定」であるため契約書で変更が可能です。よって、ベンダーが瑕疵担保責任を「過失責任」に変更しようと画策することもあります)。

**リスク例その3**
ベンダーの「再委託先」が信頼できない

- ベンダーとのNDAで、「ベンダーと同等のNDAを再委託先とも締結する」ことを要求する。
- 「ベンダーが再委託先を選定する際には、発注者の事前承認が必要である」旨の条項を契約書に明記する。

**リスク例その4**
契約の締結後に、要件の後づけ(変更や追加)をせざるを得ない状況になる

「要件定義」が難しすぎて、発注者の独力では完了できない

初期の段階では要件、コスト、スケジュールを予測しきれず、期待値を大幅に逸脱する恐れがある

- 発注者が「要件定義」するのをベンダーに支援してもらう。この「要件定義支援」の仕事は、「準委任契約」でベンダーに委託する。さらに、要件が固まれば、システム開発を「請負契約」でベンダーに委託する。
- 契約のリスクを細分化して、仕切り直せる機会を増やすために、「一括請負契約」ではなく「多段階契約」とする。あるいは、「請負契約」を「準委任契約」に変更する。

# 64 紛争は極力ADRで解決。普段から記録を残すこと

**最悪の事態も想定して備えるべし**

### 🔍 裁判外紛争解決手続（ADR）の活用がお勧め

　法律の基礎的な知識を勉強し、ベンダーと締結する契約書も入念にチェックし、発注者としての協力義務を誠実に果たし、ベンダーとの良好な関係の維持にも努めるなど、発注者として考えうるあらゆる努力を尽くしたとしても、ベンダーとの紛争が生じる可能性は残ります。システム外注とは、それほどまでに困難な茨の道なのです。

　不幸にもそのような事態に陥った場合に備え、裁判（民事訴訟）以外に「**裁判外紛争解決手続（ADR：Alternative Dispute Resolution）**」という手段があることを知っておきましょう。**民事訴訟に比べ、より迅速に、より簡便に、より安価に紛争を解決できる手段**が ADR です。

　ADR では、第三者である「ADR 機関」が両者の間に入って、紛争の解決を支援してくれます。また、民事訴訟では裁判所の判決が下ると、公開が原則なので発注者とベンダーの「勝ち負け」が世間に知れ渡ってしまいますが、ADR は非公開ですから、穏便な話し合いによって紛争をソフトに解消しやすい手法だと言えます。

　**ADR を利用するには相手方の同意も必要**なので、紛争時には優先的にADR を利用することに双方が同意する旨の文言を、あらかじめ契約書に盛り込んでおくとよいかもしれません。

### 🔍 ベンダーとのやりとりはすべて記録に残す

　いずれにせよ、**民事訴訟でも ADR でも、紛争時にモノを言うのは確固たる「証拠（記録）」**です。契約書、議事録、報告書、課題管理表、電子メール、テスト結果ログ……などなど、ベンダーとのやりとりは漏らさず記録しておき、データをしっかり保存していく意識を叩き込んでください。

# Chapter 6
ベンダーと結ぶ契約で注意すべき法律上のポイント

## 民事訴訟とADRの違い

| | 民事訴訟 | ADR |
|---|---|---|
| ベンダーの事前合意 | 不要 | 必要 |
| 手続き | 困難 | 簡便 |
| 解決までの時間 | 長い（半年〜2年以上） | 短い（3ヶ月〜半年以上） |
| コスト負担 | 高い | 安い |
| 秘密の保護 | 公開 | 非公開 |

● ADRの立ち位置

発注者 ← **ADR機関**（ITや法律の専門家により構成される客観的な第三者機関。「財団法人ソフトウェア情報センター（SOFTIC）」や「IT-ADRセンター」など）→ ベンダー

● ADRの種類

**斡旋**（あっせん）：斡旋人が発注者とベンダーとの仲立ちをして、当事者同士の話し合いを進めて解決を図ります（あくまでも、当事者同士での交渉で解決を図ることを目的とします）。

**調停**：発注者とベンダーとが話し合いをしたのちに、調停人が和解案を提示します。和解案の諾否は、当事者の判断次第です（法的強制力はありません）。

**仲裁**：当事者同士が、仲裁を受けることを事前に同意（仲裁合意）している場合、仲裁人が解決内容を判断します。当事者は仲裁判断を拒否できません（法的強制力があります）。また、仲裁判断の以後は、同一事件の民事訴訟は起こせません。

Engineering SAMURAI のアドバイス

**民事訴訟は最終手段です。仮に勝訴できても、金銭も時間も精神もすり切れます。**

**COLUMN コラム**

## 近々に施行予定の新民法の ポイントを押さえる

　2017年に、約120年ぶりとなる民法の改正法案（新民法）が成立しました。これに伴い、2020年には新民法が施行される予定です。当然、システム外注に関する契約も大きく影響を受けるでしょう。

　新民法での変更点は多岐に渡る予定ですが、それらのうちシステム外注に関係しそうなポイントだけを以下にまとめました。下表を確認してもらうとわかりますが、本章で解説した内容に関係する変更もあります。このように、法律に関するポイントは常に変わっていくので、**大きな契約の前には、その内容を法律の専門家にきちんと確認してもらうことも、大切なビジネス習慣です。**

| | |
|---|---|
| 「瑕疵」が「契約不適合」に名称変更 | 「瑕疵担保責任」が「契約不適合責任」に改められます。名称は変更されますが、内容には大きな変更はありません。 |
| 「代金の減額請求」ができるようになる | 「契約不適合責任」の内容として、発注者が「代金の減額請求」をできるようになります。システムのバグなどの度合いに応じて、ベンダーに対して支払代金の減額を請求できるようになる、ということです。 |
| 責任の追及期間が長くなる | 「瑕疵担保責任」を追及できる期間は、従来は「成果物の検収後1年間以内」でしたが、「契約不適合があることを知ったときから1年以内（ただし、引渡時から最大5年以内の上限あり）」に変更されます。 |
| 修補請求に期限がつけられる | 「契約不適合」が重大であったとしても、過分な費用がかかる場合には、発注者はベンダーに対して修補請求ができなくなります。 |
| 「請負契約」に「出来高報酬型」が追加される | 仕事の未完成（プロジェクトの頓挫）の場合であっても、発注者にとって価値がある場合には、作成した割合に応じて、ベンダーが報酬を請求できるようになります。これは、商法の「商人がその営業の範囲内において他人のために行為をしたときは、相当な報酬を請求することができる」（商法第512条）に近い考え方です。 |
| 「準委任契約」に「成果完成型」が追加される | 従来の「履行割合型」に加えて、成果物の完成時点で報酬を支払う「成果完成型」の契約が明文化されます。 |

No. 65〜71

## Chapter 7

# プロジェクトに全社員を巻き込み味方にするコツ

新システムの開発と導入を成功させるには、社員を一致団結させることが必要です。それには、発注者側のシステム開発担当チームが、適切なリーダーシップを発揮することが求められます。

# 最適なプロジェクトリーダーを選び、多様性を管理する

**3つの資質を持った人が適任**

## 適した資質を持った人材を責任者にする

新しいシステムを企業に導入するにあたっては、幾多の困難が待ち構えています。プロジェクトの管理、ベンダーとの交渉、現場社員との調整、経営層への報告、社内の他システムとの連携、限られた予算のやりくり、納期の厳守……まさに試練の連続です。新システムの導入を担当するプロジェクトのリーダーは、これらの試練すべてに打ち勝つ必要があり、そのためには**信念、覚悟、情熱**の３つの資質が求められます。

日本社会には、往々にして変化を嫌う風土があります。新システムの導入は、これまでの仕事の進め方を変えることになるため、「自分が慣れ親しんだやり方」を変えられたくない現場社員からは、猛烈な抵抗に遭うことも少なくありません。それらの抵抗を収めつつ、新システム導入の主導権を握るためには、不撓不屈のリーダーシップが欠かせません。

**プロジェクトのスタートにあたっては、プロジェクトのリーダーとして、そうした資質を持つ人を責任者として選定することも非常に重要である**と、まず認識しましょう。

## システム開発でもダイバーシティーマネジメントが必要

ただし、リーダーひとりでは何もできません。**リーダーは社内外の人間を巻き込んで、新システムの導入に関与させる**必要があります。

また、新システム導入の成功率を上げるには、可能であれば最優秀のエース級人材を揃えたいところですが、実際にはそんな理想的な人材を揃えることはできないでしょう。社内の人材も、社外の人材も、誰にでもどこかには難点があるものです。難点には目をつぶり、長所は引き出せるよう、**チーム内で役割分担してメンバーの多様性を管理**していきましょう。

# Chapter 7

プロジェクトに全社員を巻き込み味方にするコツ

##  リーダーのモデルは坂本竜馬

坂本龍馬は明治維新の立役者です。薩長同盟の成立をお膳立てするなど数々の偉業を成し遂げましたが、坂本龍馬ひとりではこれらの偉業は達成できなかったでしょう。西郷隆盛や勝海舟といった幕末の志士達を巻き込めるだけの「信念」「覚悟」「情熱」の持ち主だったのです。まさに、理想のリーダー像です。

坂本龍馬

世の人は我を何とも言わば言え。我が成す事は我のみぞ知る

恥といふことを打ち捨てて世のことは成るべし

日本を今一度せんたくいたし申候

21世紀の「新システム導入」においては…

 他人にどう言われたとしても、自分が正しいと信じることは最後まで貫き通すべきです。

 周りの常識に逆らうことは「恥」かもしれませんが、変えるべき常識は変えるべきです。

 人は理屈だけでは動きません。人を動かせるだけの熱量(エネルギー)が必要なのです。

 Engineering SAMURAI のアドバイス

**リーダーシップとは人を巻き込む力です。リーダーには信念、覚悟、情熱が必要です。**

# 開発方針の決定はトップダウンで行うのが鉄則

### 「現場の声」は万能ではない

## 経営層の理解と関与が欠かせない

　新システム開発チームのリーダーは、現場社員と経営層の間で板挟みになりがちです。現場社員は目先の具体的な仕事しか見ていないのに対し、経営層は会社の将来像（抽象的なイメージ）に主な興味関心があって、現場を直視できていないことが多く、両者の思惑がすれ違うからです。

　加えて、経営層がリーダーにすべてを丸投げしてしまい、新システムの開発・導入にあまり関与しない場合もあります。この場合には、システム完成間際の土壇場で、経営層から「ちょっと待った！」の声がかかることもあり、そうなると大きな手戻りが生じかねません。

　新システム開発チームのリーダーには、こうした事態を避けるために**現場社員と経営層の橋渡しをする意識**が必要です。また**経営層に働きかけ、プロジェクトに巻き込んでいく**のも、リーダーの役割だと認識しましょう。

## 誰かが決めないとまとまらないのが現実

　実効性が高いシステムを開発するには、新システムに関する意見や要望を現場社員からヒアリングすることも必要です。しかし実は、**新システムの開発方針の決定段階では、こうしたボトムアップ的なアプローチは失敗することが多い**ので、深入りしないように注意しなくてはなりません。

　往々にして、以下のような困難に直面するのです。
1. 現場社員がヒアリングに非協力的で、声を上げてくれない。
2. 意見が発散しすぎて、実現可能な形へと収束していかない。
3. 対立（矛盾）する意見が出てきた場合に、どの意見をとるか迷う。

　開発方針の決定段階においては、「現場社員の声」は絶対ではありません。**開発の方向性を決めるのは、あくまで経営層とリーダーの仕事**です。

# Chapter 7

プロジェクトに全社員を巻き込み味方にするコツ

## リーダーは経営層と現場社員の橋渡し役

### ●「経営層」と「現場社員」の視野の違い

大まかに言うと、経営層の思考は「抽象的」であり、現場社員の思考は「具体的」です。抽象的すぎると実運用が破綻し、具体的すぎると融通が利かない（将来性がない）システムができ上がります。どちらか一方のみではNGなので、経営層と現場社員の視野の違いを理解し、両者のバランスをとることがリーダーの仕事となります。

### ●「ボトムアップ的なアプローチ」の難点

現場が協力してくれない

意見が収束しない　　決断できない

特に方針決定の段階では、リーダーが強いリーダーシップ（トップダウン）を発揮して、現場社員をリードすべきです。

Engineering SAMURAI のアドバイス

リーダーがベストだと思う方向性に、経営層の決断を誘導するのがスマートな進め方です。

# 67 現場社員からの反発は粘り強い説明で鎮める

### 責任を果たして現場の"惰性"を打ち破れ！

#### 🔍 人は惰性の生き物

　筆者は新システムの導入をいろいろな現場でお手伝いしてきましたが、頻繁に感じるのが"現場社員からの猛烈な反発"です。「余計なことは一切してくれるな！」という空気を感じるのです。
　この空気の発生源は、以下のようなところにあるのでしょう。
1. 現場社員が「**事なかれ主義**」（リスク回避型マインド）に陥っている。
2. 経営層は業務の効率化を意図して新システム導入を図るのだが、**現場社員は現状の業務をさほど非効率だとは感じていない**。
3. 現場社員が「**サラリーマン根性**」に蝕まれていて、「休まず、遅れず、働かず」で給料を貰えると信じきっている。そのため、新システム導入を契機として「もっと"働かされる"のでは？」という危機感を密かに抱いている。

　末端の現場社員ほど、こうした"惰性"で仕事をする傾向にあります。その惰性を打ち破る契機となりうるのが、「新システム導入」という一大イベントです。現場社員が抵抗勢力となるのは、ごく自然なことなのです。

#### 🔍 将来のイメージを繰り返し伝えることで反発を抑える

　**そうした現場社員からの反発を鎮めるには、新システム開発（導入）チームのリーダーが、説明責任を果たさなければなりません。**
　リーダーは、現場社員に「新システム導入の目的」や「新システム導入のコストパフォーマンス」をしっかり説明し、現場社員に納得してもらいます。経営層がどんなことを考えて新システムを導入するのか、また新システムによって最終的には現場社員の仕事がラクになることなどを伝え、実際のユーザーとなる彼らを「惰性の働き方」から脱却させるのです。

# Chapter 7

プロジェクトに全社員を巻き込み味方にするコツ

## 人は"惰性"で生きている

思いのほか、人は"惰性"で生きています。そして、人の惰性には「慣性の法則」が作用します。いままで動き続けている仕事は、そのまま動き続けようとします。たとえ、好ましくない動きだったとしても……

このままだと会社はヤバイな…でも、オレの定年までは面倒事は一切しない！

「慣性の法則」に逆らって正しい方向に転換するためには、外部から強い力を加える必要があります。その「外部からの力」こそがリーダーの力です。

**現場社員の協力を得るには**
- 決してあきらめずに「将来像」を語り続ける。
- 説明責任を果たして現場社員を納得させる。
- 現場社員に、自発的に考え行動させる。 ……など

話せばわかる！武装解除してくれ！

リーダー

新システム導入には徹底抗戦する！！

ゲリラ化した現場社員

Engineering SAMURAI のアドバイス

ゲリラ化した現場社員を武装解除するには、リーダーの根気強い説得が必要です。

# なぜ現場社員が協力してくれないのか理由を知る

### 多忙な現場は「他人事」には興味がない

#### 🔍 現場はとにかく忙しい

　新システムの導入には、現場社員の理解と協力が必須です。しかし、往々にして現場社員は非協力的であることが多いのは、前述したとおりです。

　これは、なにも現場社員が意地悪をしているからではありません。単純に、**現場社員は目の前の仕事に忙殺されているため、本業以外の余計な仕事を増やされたくない**（あるいは、増やされても対応しきれない）、という理由もあるのだと理解しましょう。新システムの導入に時間を割くより、いま目の前にある本業に専念したい気持ちが強いのです。

　リーダーは、そんな修羅場に突入して、非協力的な現場社員とも対峙せねばなりません。場合によっては、非協力的どころではなく敵対的な場合すらあります。そんな現場社員にとっては、自分の仕事（テリトリー）に介入してきて邪魔をする者は、すべて"敵"扱いなのでしょう。

#### 🔍「他人事」を「自分事」に変えれば協力してくれる

　ほかにも、現場社員が新システム導入に非協力的となりやすい理由はたくさんあります。**そもそも新システム自体が、自分に直接関係しない「他人事」のようにしか思えていない**のも、その一因です。

1. 新システムにより自分の仕事がどう変化するのかイメージできない。
2. 新システム導入に関する役割分担（責任範囲）が不明確。
3. 新システム導入は全体最適化の発想だが、現場社員には部分最適化（タコツボ化）のほうが重要で、視点のレベルにズレが生じている。

　こうした理由で「自分には関係ないことだ」と考えていると、現場社員は協力してくれません。相手がどんな理由で非協力的になっているのかを推測し、新システムの導入が「自分事」になるよう説明を尽くしましょう。

# Chapter 7 プロジェクトに全社員を巻き込み味方にするコツ

## 「他人事」には現場は協力してくれない

新システム導入プロジェクトのリーダーにとっては、新システムの導入はまさに「本業」です。しかし、現場社員にとっては視界にすら入っていないかもしれません。特に、トラブル続きで炎上状態の現場は、目前の仕事以外にかまう余裕は少ないでしょう。しかし、そんな現場だからこそ、新システム導入によって業務効率の改善を図り、将来のトラブル発生の芽を摘まねばならないのです。

リーダー：新システム導入には現場の協力が不可欠です。ご多忙でしょうが、何卒、よろしくお願いします

現場社員：「よろしく」と言ったって、オレたちも暇じゃないんだぞ？／何をすればいいのかわからないし、得もなさそうだから、適当にあしらっておくか…

リーダーは新システムの「教育係」となり、新システムの影響力を広く知らしめる必要があります。もっと言うと、「教える」というより、むしろ「脅す」くらいのレベルでちょうどよいのかもしれません。

リーダー：最新鋭のAIを搭載した新システムは、単純な事務作業を自動化してくれます／導入後は、単純作業しかできない社員は降格される可能性もあります

現場社員：えっ、そうなの!?／しっかり理解して、もっと人間らしく創造的な仕事をこなさないとヤバイかも…

Engineering SAMURAI のアドバイス

**新システムが現場の仕事に及ぼす影響を、具体的に説明するのがコツです。**

# 実際の開発段階では「ユーザー参加型」を意識する

### 現場社員を蚊帳の外に置くべからず

## 🔍 インセンティブを与えてモチベーションを高める

　ここまで述べてきたように、新システムの開発や導入に現場社員の協力を仰ぐのは、非常に大変なことです。しかし現場社員こそが、開発中のシステムの最終的なユーザーとなるわけですから、現場社員の関与がまったくないままでは「ユーザー不在」のシステムができ上がってしまいます。

　そのため、新システム開発（導入）チームのリーダーは、現場社員が新システムに興味や関心を持って、積極的に協力してくれるように仕向ける必要があります。言い換えると、新システムの導入に向けて、現場社員のモチベーションを高める必要があります。

　それには、リーダーが現場社員に対して「インセンティブ（褒賞）」を提示するのがよいでしょう。インセンティブの例は以下のとおりです。

1. 新システム導入により実現できる"夢"を語る（実現可能性、実効性、具体性が高い話であれば、現場社員も積極的に協力したくなる）。
2. 新システム開発の一部を実際に担当してもらう。　など

## 🔍 素人目線が必要な工程もある

　現場社員は「自分たちが知らないところで、いつの間にか新システムが開発されている」という認識を抱きがちです。そうなる理由は、現場社員がシステム開発の実作業にノータッチであるケースが多いからです。

　確かに、現場社員はITの専門知識を要する仕事にはタッチできませんし、開発方針の決定もトップダウンが鉄則です。しかし、**IT知識を要さないUXテストや受入テストには、むしろ素人目線が求められますから、現場社員を積極的に関与させるべき**でしょう。そうしてこそ、新システムの開発や導入を彼らの「自分事」にでき、協力的な態度を引き出せます。

Chapter 7
プロジェクトに全社員を巻き込み味方にするコツ

##  現場社員とベンダーの目線の違い

ベンダーはITの専門家（プロフェッショナル）ですが、ITに詳しすぎるがゆえに、逆に「素人目線」を見落としがちです。ユーザーは素人だからこそ、ベンダーが不得手な部分をカバーする形で、新システムの導入に参加すればよいのです。

|  | 素人目線(発注者の視点) | 玄人目線(ベンダーの視点) |
| --- | --- | --- |
| 主導する工程 | ・要件定義<br>・UXテスト<br>・受入テスト | ・基本設計(外部設計)<br>・詳細設計(内部設計)<br>・実装(プログラミング)<br>・テスト(バグ摘出) |
| 品質評価で重視する観点 | 定性的評価<br>システムのUX（使い勝手や満足度）をチェックする。 | 定量的評価<br>システムの仕様と実挙動の不一致（バグ発生件数）をチェックする。 |
| 評価の方法論 | 主観的な感性により感じとる。 | 客観的な判定基準により数値化する。 |
| 目線の死角<br>(見落としがちな観点) | 高度なIT知識を前提とする技術的な視点に欠ける。 | 専門家であるがゆえの先入観や思い込みがある。 |
| 思考の傾向 | トップダウン的思考<br>(物事を大雑把な全体像から考え始める) | ボトムアップ的思考<br>(物事を技術的な詳細から考え始める) |

情報システムを「素人目線」でチェックします

情報システムを「玄人目線」でチェックします

ベンダー

発注者

Engineering SAMURAI のアドバイス

さまざまな立場や視点からチェックすることで、より完成度の高いシステムになります。

# 現場社員を"ツッコミ役"にして当事者意識を養う

### 現場社員もシステム開発者の一員となるべき

## 🔍 有力な現場社員を一本釣りする

現場社員を新システム開発のプロジェクトに巻き込むには、現場社員の「当事者意識」を高めるのがいちばんです。そのための最善手は、文字どおり、現場社員に当事者になってもらうことです。具体的には、**経営層の許可を得たうえで、有力な現場社員から担当者を名指しで何人か決め、新システム導入に関する仕事を実際に割り振ります**。当然、多忙な現場社員はさらなる仕事を増やされるのに難色を示すことでしょう。しかし、ここで踏ん張れるかどうかが、新システム導入の成否を握っています。

## 🔍 全社的な協力態勢をつくるための"地ならし"となる

新システム開発プロジェクトにおいて、現場社員が行える（行うべき）仕事とは、端的に言うと**リーダーやベンダーに対する「ツッコミ役」**です。つまり現場社員から見て、自社やベンダーのシステム開発業務が怪しい方向に向かいそうになったときに、軌道修正を行う重要な役回りです。

開発側のベンダーやリーダーと、運用側の現場社員が火花を散らすくらいの勢いで、議論を尽くすのが理想です。**開発側の一方的な"強行採決"で新システムの開発が進んでしまうと、運用側は「我関せず」の態度をとらざるを得ません**。新システムの実際の運用者となる現場社員は、新システムの開発者との連携を密にする必要がありますから、システムが実際に完成して本格運用を開始する前に、開発者と運用者がスムーズに連携できる体制をつくれるよう、リーダーは最大限努力してください。そのための地ならしとして、現場社員を新システムの開発に積極的に関与させる工夫が、上記のツッコミ役への任命です。より具体的には、右図に示すような仕事を現場社員に任せることで、現場社員の責任感が自ずと培われます。

# Chapter 7
プロジェクトに全社員を巻き込み味方にするコツ

##  現場社員が行うべき業務の内容

漫才には「ボケ」役と「ツッコミ」役の2者が存在します。システム外注においては、開発側のベンダーや発注者側のリーダーは「ボケ」役に相当し、運用側の現場社員は「ツッコミ」役に相当します。現場社員が「ツッコミ」を入れないシステムは悲惨な末路を辿る場合が多いです。たとえば、システム利用率の低迷や本格稼働後のクレーム多発などです。漫才は「ボケ」と「ツッコミ」の両者が揃ってこそ成立します。システム外注も、開発側(ボケ)と運用側(ツッコミ)の二人三脚(DevOps)なのです。

システムの開発者は業務知識に関しては素人同然ですわ。だから、業務知識に詳しい現場社員にとって、新システムは「ツッコミ」どころ満載でっせ。そやけど、そんなにツッコミ入れるんやったら、ウチらに任せんと、自分で開発すればエエんとちゃいますか？？

開発側：ベンダー、リーダー　ボケ

なんでやねん！

ツッコミ　運用側：現場社員

| 工程 | 担当 | 説明 |
|---|---|---|
| RFP作成 | リーダーのヒアリング相手 | 特に「業務フロー図」作成のため、業務の現状をヒアリングする必要があります。<br>(→詳細はP100、P106参照) |
| レビュー | レビュアー | 素人目線で、システムの設計ドキュメント等(特に「要件定義書」)の不備を指摘してもらいます。<br>(→詳細はP119参照) |
| UXテスト | テスター | 新システムの本格運用の開始後にクレームが出ないように、問題点を事前に叩き出してもらいます。<br>(→詳細はP120参照) |
| 受入テスト | テスター | 検収の合否判定をするため、要件を充足していることを確認してもらいます。新システムの本格運用直前の試運転を兼ねます。<br>(→詳細はP122参照) |

Engineering SAMURAI のアドバイス

**自分の指摘が反映されるところを自分の目で確認することで、モチベーションが向上します。**

# リーダーは孤独ではなく孤高を目指すこと

### 協調性を保ちつつ、八方美人にもならない

## 🔍 「ホーム」なのに「アウェー」

新システム開発（導入）チームのリーダーは、自社内において孤軍奮闘を強いられがちです。サッカーにたとえると、自社という「ホーム」にいるのにもかかわらず、ともすれば自分の周り（経営層と現場社員）が抵抗勢力ばかりという「アウェー」状態に陥ります。新システムの導入に協力してもらえないばかりか、下手をすれば目の敵（かたき）にされる場合もあります。

現実問題として、新システム導入が成功するまで、リーダーが精神的に報われることは少ないでしょう。つまり**リーダーには、アウェーでも戦い抜けるだけの強靭な精神力が必要**です。

## 🔍 「孤独」と「孤高」の決定的な違い

アウェー状態ではありますが、**リーダーは孤独になってはいけません**。新システムの導入は、社内外の多くの関係者を巻き込む必要があるプロジェクトです。リーダーはむしろ、人の輪の中心にいなくてはなりません。

**リーダーが目指すべきは、孤独ではなく孤高**です。「孤独」と「孤高」の決定的な違いは信念の有無です。リーダーが「孤高」であれば、他人から総スカンを食ったとしても己の信念を貫けます。また、リーダーは人を巻き込む必要がある反面、人に迎合してもなりません。経営層も現場社員も、実現可能性を度外視して「好き勝手を言いたい放題」です。そんな状況では、リーダーが他人に反対してでも、己の信念を貫くべき場面が必ず出てきます。**リーダーが雑多な意見を取捨選択して、交通整理をしない限り、いつまで経っても全体の方向性が収束しません**。

リーダーは、周りから「KY（空気読めない）扱い」をされても、初志貫徹せねばならないときもあるのだと、肝に銘じましょう。

Chapter 7
プロジェクトに全社員を巻き込み味方にするコツ

##  人を巻き込みつつ、人に迎合するなかれ

○ 孤高
× 孤独

コマは「中心軸」だけでは回らない。しかし、「中心軸」なしでも回らない

リーダーが「中心軸」になって、関係者全員を一致団結させよう！

　新システム導入は、利害関係者（経営層、現場社員、ベンダー等）を多数巻き込む必要がある一大プロジェクトです。プロジェクトの状況は時々刻々と変化し続けて、まるで高速回転するコマのようです。リーダーは利害関係者の輪の中心に立って、そのコマの「中心軸」とならなければなりません。万一「中心軸」がぐらつけばプロジェクトの輪が崩壊してしまうでしょう。さらに、「中心軸」たるリーダーは堅牢であると同時に、輪が遠心力でバラバラにならぬように引き寄せる「求心力」も必須です。リーダーたる者には、経験、能力、人徳、意志力……等々のありとあらゆる素質が求められるのです。

 Engineering SAMURAI のアドバイス

**リーダーシップは理屈ではありません。究極の精神論です。信念を磨きましょう。**

169

**COLUMN　コラム**

## 最適なリーダーシップの型は状況に合わせて変わっていく

　世間では「リーダーの適性は、人の個性（気質）によって決まる」と考えられることが多いようです。たとえば、体育会系の「だまって俺についてこい」型の気質を持った人物が、リーダーに向いているのでは、という考え方です。しかし、経営学の研究（リーダーシップのコンティンジェンシー理論）によれば、**常に最適なリーダーシップのスタイルは存在せず、最適なリーダーシップのスタイルは外部環境の状況に応じて変化する**とされます。

　その具体例を、『八甲田山　死の彷徨』（新田次郎　著）※に見ることができます。旧日本軍の雪中訓練時に起きた実際の悲劇に基づいて描かれたこの作品には、青森隊と弘前隊という2つの組織が登場します。このうち弘前隊のリーダーは「石橋を叩いて渡る」リスク回避型であるのに対し、青森隊のリーダーはいわゆる「イケイケドンドン」型でした。当時もいまも、一般には後者のスタイルのほうが、よりリーダーに相応しいとされがちです。

　ところが、悪天候の八甲田山に入るに際し、弘前隊が綿密な準備と計画を事前に済ませていたのに対し、イケイケドンドンの青森隊は十分な準備と計画を行わずに訓練を強行してしまいました。結果、青森隊は訓練参加者の大半が死亡するという大惨事を引き起こしてしまいます。一方の弘前隊は全員が生還できました。

　**どんなスタイルであっても、状況に合わせてよりよい結果にチームを導くのが正しいリーダーシップ**です。

※新潮文庫

No. 72〜80

# Chapter 8

# 情報漏洩を阻止する
# セキュリティ対策

システム外注には、機密情報漏洩のリスクが常につきまといます。そのため、情報セキュリティ対策のための知識や心構え、ノウハウなども必要となります。

# 「リスクマネジメント」と「危機管理」の違いを知る

「リスク」と「危機」は似て非なるもの

## 🔍 日本人はどちらも苦手

　ほとんどの日本人は、「**リスクマネジメント（Risk Management）**」と「**危機管理（Crisis Management）**」を混同しています。情報セキュリティ対策を考えるうえでは、この両者の差異を明確に理解することが重要です。

　そもそも「リスク」という用語は、「将来、危機が起こりうる可能性」を意味します。つまりリスクマネジメントとは、危機が起こる確率に応じて、被害を最小限にするための手を事前に打って管理することです。一方の危機管理は、文字どおり、「いま、まさに目の前にある危機」に対処するための管理です。医療でたとえると、リスクマネジメントは予防医学であり、危機管理は対症療法であると言えます。

　**日本人は危機管理が苦手ですが、リスクマネジメントはもっと苦手**です。というよりも、日本人は「出たとこ勝負」の気質が強いため、実際に起きるかわからない（起きないかもしれない）危機に対して備えるという発想がありません。危機は実際に起きるまでは "空想の産物" 扱いなのです。

## 🔍 「コンティンジェンシープラン」と「BCP」を決めておく

　リスクをゼロにはできませんが、将来起こりうる危機に備えることはできます。具体的には、リスクマネジメントの一環として「**コンティンジェンシープラン（Contingency Plan）**」と「**BCP（Business Continuity Plan：事業継続計画）**」の策定を最低限行いましょう。

　コンティンジェンシープランは、危機が実際に起こった場合の被害を最小限に食い止めるため、事前に決めておく行動計画（緊急時対応計画）のこと。またBCPは、危機が起こった場合であっても、自社の事業を継続できるようにするための行動計画です。

# Chapter 8

情報漏洩を阻止するセキュリティ対策

## 「リスク」と「危機」の違い

**リスクマネジメント（Risk Management）**

「リスク（将来、危機が起こりうる可能性）」に対して対処することを指し、「予防医学」的な発想です。
たとえば、風邪をひかないように、うがいや手洗いを行うようなことです。

**危機管理（Crisis Management）**

実際に起きてしまった危機に対して対処することです。「対症療法」的な発想です。
たとえば、風邪をひいてしまったときに、薬を飲んで安静にすることです。

**コンティンジェンシープラン（Contingency Plan）**

危機発生時に、可能な限り、被害を最小化できるように計画を立てることです。具体例としては、災害リスクを事前に見積る「ハザードマップ」の作成などがあります。

**事業継続計画（BCP＝Business Cotinuity Plan）**

危機発生時であっても、可能な限り、事業を継続できるように計画を立てることです。「フェールソフト（fail soft）」的な発想です。

Engineering SAMURAI のアドバイス

**危機に対処するには、リスクの芽を先手必勝で摘んでおけばいいのです。**

# 情報セキュリティ対策の3大ポイントを押さえる

**経験から導かれた心構え**

## 🔍 ベンダーからの情報漏洩が特に危ない!?

先述したコンティンジェンシープランやBCPは、天変地異などの災害を「危機」として想定することが多いです。しかし、私たちは災害だけでなく、情報漏洩のリスクにも晒（さら）されていることを忘れてはなりません。

システム外注の過程において、ベンダーは発注者の機密情報に多く接することになります。システムの本稼働を想定すると、機密情報を含む本番用データを用いて、システムの動作検証を行う必要があるからです。

この場合、**ベンダーの情報セキュリティがなんらかの理由で突破されてしまうと、発注者の機密情報が外部に漏洩する可能性が生まれます**。まさに大惨事ですが、こうした事態は決して起こり得ない話ではありません。

発注者は、大惨事の発生を未然に防ぐべく、情報漏洩の"芽"を事前に刈り取るリスクマネジメントを行ってください。

## 🔍 信用せず、野放しにせず、管理する

情報漏洩を防ぐための心構えは、「**性悪説**」、「**唯物論**」、「**断捨離**」という3大ポイントに集約されます。

性悪説は、「渡る世間は悪人ばかり」という話です。情報セキュリティの世界においては、他人の善意をアテにはできません。**特に、ベンダーは悪人候補の筆頭だと考えましょう。**

唯物論は「『情報漏洩を防ぎたい』と心で念じただけでは、決して防げない」という話です。**多くの日本企業は「念じるだけで野放し状態」**です。

そして最後の断捨離は、文字どおりに「時間が経過して不要となった機密情報は、適切に廃棄しよう」という話です。**不要な機密情報を自社内にたくさん抱え込みすぎているから、情報漏洩リスクが高止まりする**のです。

# Chapter 8 情報漏洩を阻止するセキュリティ対策

## 情報セキュリティ対策の3大ポイント

自社業務の根幹を担うシステムの開発をベンダーに外注する際には、自社の機密情報を一時的にでもベンダーに託すことが避けられません。発注者とベンダーは、まさに「一蓮托生」となるのです。

### ● 情報漏洩事件の「リスクマネジメント」

万一、機密情報が漏洩した場合の「謝罪会見」をシミュレートしておきましょう。というのも、会見の内容（会見時の態度）がひどいために、被害者の怒りにさらに火を注ぎ、炎上してしまうことがままあるからです

情報漏洩事件発生時の損害賠償金額の相場は「顧客1件あたり500〜10,000円」と言われています（情報の機密性により額は変動します）。顧客の機密情報の件数に、この金額を掛けた合計額が「想定しうるリスク」となります。

### ● 情報セキュリティ対策の3本柱

**性悪説** 他人の善意はアテになりません。むしろ、善人も悪人化するご時世です。

**唯物論** 心に念じるだけでは、情報漏洩は防げるものではありません。目に見える物理的な対策を行うことが重要です。

**断捨離** 手に余るほどの大量の情報を抱え込むと、脇が甘くなります。特に「手持ち無沙汰」となった情報は漏洩しやすいので、早く削除しましょう。

Engineering SAMURAI のアドバイス

**システム外注における最重要のリスクマネジメントは、情報セキュリティ対策です。**

# "情報資本主義社会"では情報はお金と同じ

### 人は貧すれば鈍す

## 🔍 ビッグデータを握る企業が市場を独占している

　21世紀の現代社会は、「情報資本主義社会」だと言っても過言ではありません。この世のあらゆる情報には価値があり、その価値に見合った値段がつくのです。それを端的に象徴しているITキーワードが「**ビッグデータ（Big Data）**」です。直訳すると「巨大データ」となります。

　ビッグデータをフル活用している企業の代表格がGoogle（Alphabet社）やAmazonです。Googleは、ユーザーが入力した膨大な検索キーワード等のありとあらゆるウェブ上の情報を収集しています。それだけの情報があれば、「検索キーワードに応じた広告の表示」も「マーケット需要の先読み」も思いのままです。またAmazonは、顧客の購買履歴を分析して、その顧客がほしがりそうな商材を「レコメンデーション（お勧め）機能」で販売促進しています。ビッグデータに基づいているため、お勧めの精度、つまり成約率が抜群に高いと言われています。

## 🔍 名簿業者が大金を出して情報を買う時代

　こうした情報資本主義社会の"鬼子"として、**名簿業者**が生まれました。名簿業者は個人情報の売買を生業としており、価値が高い情報ほど高値で買い取ります。買い取り額は「情報の価値×データ件数」で決まります。

　国内でこの名簿業者に注目が集まったのが、2014年に発覚したベネッセの情報漏洩事件です。この事件は内部犯行だったのですが、犯人は盗んだ顧客データを名簿業者に売り飛ばして対価を得ていました。利用価値が高い子供に関するデータを大量に盗んだため、**犯人が得た対価は数百万円に及んだと言われています**。犯人は経済的に困窮していたため、自分が扱う情報が持つ価値の"危険な誘惑"に抗しきれなかったのです。

# Chapter 8

情報漏洩を阻止するセキュリティ対策

##  人間の本性は善か？ 悪か？

「性善説」と「性悪説」は中国古来の思想です。あまり知られていないのですが、実は「性善説」も「性悪説」も、「**人間は放っておくと悪に染まる**」と主張している点は同じです。

### 性善説
人間の本性は"善"である。しかし、成長するにつれて悪に染まっていくのだ
― 孟子

### 性悪説
人間の本性は"悪"である。よって、成長するにつれて、善を学んでいくしかない
― 荀子

仮に「性善説」の立場をとるとしましょう。"数百万円のニンジン"を目の前にぶら下げられれば、もともとは善良であった人でも、理性が崩壊して悪の道へと突き進む可能性が十分にあります。

ベネッセの情報漏洩事件では、漏洩した顧客情報の件数が3,500万を超えたと言われています（筆者の子供時代の情報も含まれていたようです）。1件1件の情報の価値は小さいかもしれませんが、3,500万件も集まれば立派なBig Dataです。

**Engineering SAMURAI のアドバイス**

**世知辛いですが、情報セキュリティ対策では性悪説で人を見なければなりません。**

# 情報漏洩のよくあるパターンは「自爆」と「内部犯行」

ベンダーを見たら泥棒と思え!?

## 🔍 映画のようなハッカー事件は実は少ない

情報漏洩事故にはいくつかの典型的なパターンがあります。ITに詳しくない方は、「ハッカーが能動的にシステムに不正侵入して、機密情報を盗み取る」というパターンをイメージすることが多いと思いますが、実際にはそうした情報漏洩のパターンはあまり多くありません。

むしろ、システム運用担当者がなんらかの理由で作業ミス、要するに「ポカ」を犯してしまった結果として、企業のシステムに生じてしまう**脆弱性（いわゆる「セキュリティホール」）に起因する事故が多い**です。企業側の"自爆"が、情報漏洩の引き金となるパターンが多いのです。

また、さらに性質が悪いのが**内部犯行パターン**です。ここで言う「内部」が示す範囲には、自社の正社員だけでなく、派遣社員やパート、システム開発の外注先ベンダー、さらにはベンダーの再委託先も含まれます。

## 🔍 親しき仲にもセキュリティ対策あり

下に示すように、システム外注先のベンダーやその再委託先からの情報漏洩のリスクはかなり高いです。第4章でも述べたように、**ベンダーとはなんでも言い合える関係を築かなければなりませんが、同時に、完全に信用することも避けなければならない**のです。

1. ベンダーは、システムをテストする際に重要な情報を扱うことが多いため、「売り飛ばせば多額の金になる」と誘惑にかられやすい。
2. 情報漏洩は発注者に大きなダメージを与えるため、発注者に対し不満を溜めているベンダー側人員がいると、復讐手段に選ばれやすい。
3. システム開発期間中は何度も会うので、発注者のベンダーに対する警戒心が緩みやすい。　など

# Chapter 8

情報漏洩を阻止するセキュリティ対策

## 情報漏洩の３大原因

近年では、「政令指定都市の人口」に匹敵する件数の機密情報を漏洩してしまう大企業が相次いでいます。ハッカーのような悪人が、情報システムに積極的に攻撃を仕掛けてきた結果としてそのようになる場合もありますが、実は、情報漏洩の原因は、いわゆる「ヒューマンエラー」による"自爆パターン"が過半を占めています。

**紛失**　　**誤操作**　　**管理ミス**

セキュリティホールが空いたタイミングに最初に気づくのは……残念ながら「善玉」ではなく「悪玉」の場合が多いです。世界中の「悪玉」が、誰かのセキュリティホールがどこかで空くのを虎視眈々と狙っているからです。

● 最悪の脅威「内部犯行」

「あの発注者め、オレを低報酬で酷使しやがって、堪忍袋の緒が切れたぞ!!」

「つき合いが長い今なら油断しているし、こちらの様子までは監視が行き届いてないから、やりたい放題できるぞ…」

「機密情報を売り飛ばして、金に変えてトンズラだぜ!」

Engineering SAMURAI のアドバイス

**自社の人員も外注先の人員も、どちらも完全に信じてはいけません。**

# 76 議論やかけ声だけでは情報漏洩は防げない

### にもかかわらず、根性論で押し通そうとする企業が多い

## 🔍 呪術師のお祈りと一緒!?

　筆者は情報セキュリティ対策の仕事を多く経験してきましたが、日本企業の情報セキュリティ対策は、「観念論」あるいは「精神論」に偏っていると感じています。「情報漏洩を防ぐぞ!!」と、常にかけ声だけは立派なのですが、実際には具体的なアクションは何も行わず、事故が起きないように祈っているだけ、議論しているだけ、という企業が多いのです。これでは、呪術師の祈祷（きとう）と同じで、実際にはなんの効果も期待できません。

## 🔍 実行した対策だけが役に立つ

　本当に情報漏洩事故を防ぎたいのなら、単に「情報漏洩を防ごう！」と言うだけではなく、情報漏洩を防ぐために具体的に動き、物理的な対策を施す「唯物論」的なアプローチで対応しなければなりません。
　どんなに注意していても、「魔が差した」かのように"ウッカリミス"をしてしまうのが人間という生き物。たとえば飲み会で酩酊してしまい、重要なデータを保存していた記録媒体を紛失してしまった、といった事故はなかなかなくなりません。であるならば、ウッカリミスをしても情報が漏洩しないような対策を考え、すぐにそれを全社規模で実行します。
　あるいは、社外への持ち出し禁止の「社外秘」データの管理がうまくできておらず、知らぬ間に誰かが勝手に持ち出してしまっていた、という事故もよくニュースになっています。これも、そうしたニュースに接したらすぐに、自社でも同じような情報漏洩事故を起こさないためには何ができるかを考え、考えるだけでなく実際にその対策を実行します。
　情報セキュリティ対策は、物理的なアクションを起こさないとまったく意味がないものなのだと、肝に銘じるようにしましょう。

# Chapter 8
情報漏洩を阻止するセキュリティ対策

##  議論している間にも危険は続いている

社会主義の提唱者として有名なマルクスとその盟友エンゲルスは、「唯物史観（史的唯物論）」という思想を提唱しました。これはなかなか難解な思想なのですが、大雑把に言うと「精神が先か？ 物質が先か？」という議論です。この議論に対して、マルクスは「物質が先であり、精神は物質により形成（左右）される」と回答しています。マルクスは、「人間の社会的存在（≒地位）はその人間の意識を規定する」とも主張しています。

カール・マルクス

人間、経済、社会を突き動かしているのは精神的な要因ではなく、物質的な要因です。たとえば、「金が増えろ！」と心の中で念じただけで、所持金が増える人がこの世にいるでしょうか？ 金を稼ぐには「労働する」という物理的なアクションを起こすしかありません

● 「観念論」より「唯物論」で対応

「天は自ら助くる者を助く」と言います。「情報セキュリティ意識を高める」といった観念論的アプローチも結構ですが、それと同時に、物理的な対策（唯物論的アプローチ）を必ず実行するようにしましょう。

「情報漏洩しませんように」なんてお祈りしたって無駄さ。物理的に対策される前に情報を盗んでやれ！

 Engineering SAMURAI のアドバイス

情報セキュリティ対策では「有言実行」あるのみです。

# 「情報セキュリティ対策システム」の導入を検討する

## ３大機能で情報漏洩事故を強力に防ぐ

### 🔍 印刷された紙は、もはや管理しきれないと認識する

　前項で述べた情報セキュリティ対策での唯物論的アプローチとして、具体的にはどんなものが考えられるでしょうか？　たとえば、原始的ですが機密文書を印刷した紙に「社外秘」のハンコを押印することも、唯物論的な対策のひとつです。しかし、「社外秘」の印影が持つ情報漏洩への抑止力は、ごく小さなものです。より抑止力を大きくするには、可能な限り、機密情報がデジタルデータで保存されている段階で強力な対策を行います。たとえば、以下のような仕組みを準備したいものです。

1. 許可されたユーザー以外は機密ファイルにアクセスできない。
2. 機密ファイルを印刷した際には、誰がいつ印刷したか記録が残る。

　こういった運用を実現するには、市販されている「情報セキュリティ対策システム」を導入するのが現実的です。

### 🔍 市販の製品でも機能は十分

　国内での個人情報保護法の施行が追い風となって、市販の情報セキュリティ対策システムは百花繚乱の状態です。さまざまなシステム製品がありますが、おおむね以下の３大機能を備えているシステムが多いようです。

1. 【暗号化機能】　機密データを暗号化する。
2. 【アクセス制御機能】　機密データへのアクセスを制限する。
3. 【ログ取得機能】　ユーザーの操作を記録（監視）する。

　このうち、暗号化機能が特に効果を発揮するのは、機密データを保存したノートパソコンやUSBメモリの盗難・紛失時です。アクセス制御機能は、機密データが外部へと勝手に持ち出されるのを阻止し、ログ取得機能は、怪しい操作をしているユーザーがいないか監視してくれます。

# Chapter 8 情報漏洩を阻止するセキュリティ対策

## 唯物論的な情報セキュリティ対策の例

### 「社外秘」のハンコを押印する

最低限の唯物論的アプローチとして、機密書類に「社外秘」や「秘」などの押印をすることがあります。

**ただし、「社外秘ハンコ」の押印だけだと……**

- 内容が機密書類であることを大々的にアピールしてしまいます。
- 紙の書類を勝手に持ち出されることを物理的に防ぐことができません。
- いったん外部に持ち出されてしまうと、その流出経路を特定できなくなります。

紙のようなアナログ媒体経由の情報漏洩を完全に防ぐことは困難です。機密情報は、できるだけデジタルデータとして管理するようにして、「情報セキュリティ対策システム」で情報漏洩を阻止しましょう。

**唯物論的な情報セキュリティ対策の3本柱**

**データの暗号化**
仮に「悪玉」がノートパソコン内の機密情報を閲覧しようとしても、データが暗号化されていれば情報漏洩を防げる可能性が高まります。

**アクセス制御**
具体例として「持ち出し制御」があります。たとえば、許可されていないユーザーが機密データをUSBメモリに書き出そうとした場合にブロックします。

**ログ取得**
取得したログは日本版SOX法（金融商品取引法）の「内部統制」等の用途に使われます。これにより、情報漏洩時におけるデータの追跡可能性（トレーサビリティ）を確保します。

**Engineering SAMURAI のアドバイス**

情報セキュリティ対策には満点はありませんが、合格点はあります。少しずつ改善していきましょう。

# 古くなった機密情報を断捨離してリスクを減らす

## 「情報ライフサイクル管理」を実践する

### 捨てていかないと、リスクやコストばかりが積み上がる

人間に寿命があるように、**情報にも寿命があります**。情報が用済みになるタイミング、換言すれば、情報を廃棄すべきタイミングがいつかは訪れるということです。情報は抽象的概念ですから、ある意味では永久不滅とも言えますが、あえて"寿命"という考え方を当てはめるべき理由を以下に示しましょう。

1. **不要となった機密情報を長期間保持し続けていると、それだけ情報漏洩のリスクが高まる**ことになる。
2. 企業が有しているストレージ装置(データ保存領域)の容量には限りがあるので、不要な機密情報は削除しないと容量が無駄になる。

情報は「断捨離」しない限りは増大し続けるため、企業の情報漏洩リスクやコストを高めてしまうのです。

### 情報のライフサイクルを管理する

上述したように情報の寿命を管理することを、「**情報ライフサイクル管理(ILM:Information Lifecycle Management)**」と呼びます。一般的に、ILMは以下の4つのフェーズに分類されます。

1. 【作成・発生】ドキュメントの作成等で情報を生み出す。
2. 【処理】情報を実際に活用する。
3. 【保管・保存】処理済みの情報を証拠として保管しておく。
4. 【廃棄】用済みとなった情報を安全かつ確実に削除する。

こうしたフェーズ分けを行う際の基準としては、たとえば「**LRU(Least Recently Used)方式**」があります。これは、「参照される頻度がもっとも低い」情報から廃棄していく方式です。

# Chapter 8

情報漏洩を阻止するセキュリティ対策

## 情報の一生

マルクスは「事物は生成⇒発展⇒消滅の過程をたどる」とも述べています。この話は、物質だけでなく形がない情報にも当てはまります。つまり、情報は"不老不死"ではないのです。ただし、情報が勝手に消滅するわけではないため、情報の"寿命"が到来したタイミングで、人間が情報を「断捨離」する必要があります。

情報の使用頻度に応じて、企業内の記憶装置を使い分ける運用がお勧めです。情報が"高齢化"するにつれて、低速な記憶装置へと"隠居"していくようなイメージです。

**半導体ディスク**
(SSD=Solid-State Disk)
現在、頻繁にアクセスしている情報を格納します。

**磁気ディスク**
近いうちにアクセスする可能性がある情報を格納します。

**リムーバブルメディア**
(外付けの記憶媒体)
証拠保全（バックアップ）目的であり、滅多にアクセスしないデータを格納します。

保管期間（寿命）を終えたリムーバブルメディアは廃棄します。

| 高速 | アクセス速度 | 低速 |
| 高い | アクセス頻度 | 低い |
| 新しい | 情報の鮮度 | 古い |

**Engineering SAMURAI のアドバイス**

情報のライフサイクルを管理し、"寿命"が尽きた情報は断捨離を徹底しましょう。

# 79 情報漏洩防止の秘訣は「見ざる言わざる聞かざる」

**ない情報は漏洩しようがない**

## 🔍 日光東照宮の教え

　日光東照宮には、有名な「見ざる言わざる聞かざる」の三猿がいますが、実はこのスローガンは、情報セキュリティ対策の原理原則にも通じます。

　情報漏洩のリスクが生じるような機密性が高い情報は、可能な限り「見ざる言わざる聞かざる」とするほうがよい、ということです。

　この教訓は、システム外注における発注者とベンダーの双方にも当てはまります。つまり、**発注者はベンダーに対して、伝える機密情報をシステム開発のために必要最小限なものに絞るべき**であり、また**ベンダーは、不要（余計）な機密情報を発注者から入手しないようにする**、ということです。万一、ベンダーが発注者に余計な機密情報を渡されてしまったら、速やかに廃棄するか、発注者に返却すべきなのです。

## 🔍 究極の情報セキュリティ対策「断捨離」

　「見ざる言わざる聞かざる」とは、要するに**接する機密情報をできるだけ少なくしたほうがよい**ということ。そのために必要なのが、前項でも触れた「情報の断捨離」です。

　そもそも、漏洩しては困るような機密情報を自社内に抱え込んでしまっているから、情報漏洩のリスクに晒されるのです。裏を返せば、**情報が手もとになければ、情報を漏洩しようがない**とも言えます。情報漏洩のリスクの多寡は「情報の機密性×情報の量」で決まりますから、情報の寿命にかかわらず、以下のような方法で日頃から情報量は減らしていきましょう。

1. 重複しているデータは、ひとつだけ残してほかを削除する。
2. 詳細を全部残すのではなく、詳細をまとめたサマリだけを残す。
3. 機密情報が分散していたら、単一のファイルにまとめる。　など

# 漏洩リスクを減らす情報との接し方

不要な機密情報は見ません

機密情報は言いません（漏らしません）

不要な機密情報は聞きません

日光東照宮にいる三猿は、「子供の幼少期には教育上好ましくないものを遠ざけるべし」という教訓を示した彫像なのだそうです。三猿の教訓を情報セキュリティに応用すると、「情報セキュリティ上好ましくないものを遠ざけるべし」ということでしょう。
至極当然の話ですが、自分が「見たり聞いたり」したことがないような機密情報を、他人に「言える（漏洩できる）」わけがないのです。

Engineering SAMURAI のアドバイス

**自分の仕事に関係しない余計な機密情報には、一切関与させないようにすべきです。**

# 情報セキュリティ対策の「十戒」を振り返る

**情報セキュリティ対策は必要悪である**

## 🔍 これが21世紀版の「十戒」だ

　本項では、この章で述べてきた情報セキュリティ対策のポイントを、モーゼの「十戒」の形式でまとめてみました（右図参照）。この十戒のうちひとつでも破ってしまえば、重大な情報漏洩事故に直結する危険性があります。さらに言うと、システム外注では、**発注者である自分自身が十戒を遵守するのはもちろんのこと、システム外注先であるベンダーに対しても、自分自身と同様に十戒を遵守させる必要があります**。

　当然ですが、他者であるベンダーに対して十戒を遵守させるのは、非常に困難なことです。別の会社ですから、どうしても目が行き届かず、ましてやベンダーがさらに別の協力会社や個人事業主などに作業を再委託していれば、その存在にすら発注者は気づかないこともあります。

　そのような困難さはあるのですが、ベンダー（とその再委託先）に十戒を遵守させるのは、発注者の責務だと考え、最大限の努力をしてください。

## 🔍 必要悪と割り切って対処しよう

　情報セキュリティ対策の仕事をしている筆者ですが、「人を見たら盗人と思え」という性悪説の世界観でずっと生きるのは、正直息が詰まります。情報漏洩防止は「プラスを増やす」のではなく「マイナスを減らす」仕事なので、建設的な話になりづらく、利益アップやコスト削減にも直結せず費用対効果もわかりづらい。いきおい、対策も後回しにされがちです。

　しかし、ひとたび事故が発生してしまったら、発注者は顧客や取引先からの信頼を一気に失いかねず、発注者・ベンダーの双方が重い責任と罪を背負います。**情報セキュリティ対策は「転ばぬ先の杖」（保険）であり、一種の「必要悪」である**と考えて、決して対策を怠らぬようにしましょう。

# Chapter 8

情報漏洩を阻止するセキュリティ対策

## 「汝、○○○するなかれ」

モーゼ

十戒の中で最重要の戒めは「その10」である

過信は慢心につながり、慢心は事故につながるのである

その1　「リスクマネジメント」を怠るなかれ
その2　情報漏洩事件の損害を侮るなかれ
その3　「性善説」を前提とするなかれ
その4　「観念論」で押しきるなかれ
その5　機密情報は平文のまま放置するなかれ
その6　機密情報へのアクセス制限を怠るなかれ
その7　ユーザー操作のログ取得を怠るなかれ
その8　不要な機密情報は「見ざる・言わざる・聞かざる」
その9　寿命がきた機密情報の「断捨離」を怠るなかれ
その10　「自分だけは絶対に大丈夫」と慢心するなかれ

Engineering SAMURAI のアドバイス

情報セキュリティに関する自身の思考と行動を、いま一度振り返ってみましょう。

**COLUMN**
コラム

# セキュリティの桶は「人の穴」から情報が漏れる

　情報セキュリティの世界で有名な話として、「**桶の理論**」があります。下のイラストのように、桶はもっとも脆弱な箇所から水が漏れます。それと同様に、組織やシステムにおいても機密情報はもっとも脆弱な箇所から漏洩するという理論です。別のたとえで、「鎖の強度はもっとも弱い環で決まる」とも言います。要するに、**情報セキュリティ対策ではセキュリティ強度がもっとも弱い箇所がボトルネックとなってしまう**ということです。

もっとも弱い箇所

　そのため、情報セキュリティ対策ではいわゆる「一点豪華主義」の考え方が通用しません。むしろ、「常に最弱のポイントを底上げする」ことこそ重要となります。

　たとえば実際の企業では、高価な情報セキュリティ対策システムを社内に導入したものの、「社外秘」相当の機密情報が紙に印刷されたまま、そこらにたくさん放置してある……といった脆弱性がしばしば生じます。情報セキュリティにおける最大の弱点（脆弱性）は、往々にして「人」にあるのです。

　最弱なポイントを底上げすることこそが大事なのですから、**本章で述べたような対策に合わせ、全社員に「情報セキュリティ教育」を施すことも、必須のステップとなる**でしょう。

Engineering SAMURAI の事例紹介

# システム外注では、こんなトラブルに注意しよう！

　本書ではここまで、システム外注についての基礎的な知識や留意点を、駆け足で幅広く解説してきました。

　本書で取り上げた項目だけでも、「IT 知識」「外注先の選定」「ベンダーとのつき合い方」「発注者がなすべき仕事」「契約（法律）」「社内におけるリーダーシップ」「情報セキュリティ対策」と、発注者が考えたり実行したりしなければならないことが、非常に多岐に渡る点に驚いた読者が多いでしょう。

　ここでは、そんな本書の締めくくりとして、筆者の経験を振り返ってシステム外注の現場で"いかにもありそうな"トラブル事例を、会話形式で列挙することとします。

　守秘義務の関係もあり、残念ながら実際の事例をそのまま掲載することはできませんから、あくまでも「事実に基づくフィクション」です。しかし、会話例を読んでいると、読者も他人事だとは決して思えないはずです。

　なお、ここで紹介するトラブル事例への対処法、あるいはそのヒントは、すでに本書で示しています。そのため、本書全体の復習も兼ねて、あえて直接的な解答は書かず、代わりに、参照すべき章を示すに留めています。

　もし対処法がわからない場合には、本編に戻って該当の箇所を読み返してください。そうしてもらえば、自ずと答えがわかるようになっています。

## 【事例1】 手段であるシステム外注を目的にしてしまう

　発注者が抱いている「夢」（ビジネスの目的）を実現するための「手段」として、ベンダーに外注してまでシステムを開発しようとしているはずなのに、いつの間にか「夢」はそっちのけになってしまい、「システム外注」

を行うこと自体が目的化してしまうことがあります。

登場人物：
【A社長】　発注者企業の代表取締役
【B課長】　システム外注を担当する「総務部 情報システム課」責任者

我が社の威信をかけた情報システム刷新プロジェクトの構想だが、具体的な検討は順調に進んでいるかね？

はい、順調です！

だったら聞くが、そもそも、今回のプロジェクトで達成すべき目的は何かね？

目的……ですか

言い換えれば、刷新した情報システムを使って、できるようにすることは明確か、ということだよ

既存のシステムは老朽化が進んでおり、現場の運用にも支障が出てきているので……

なんだか説明が曖昧だねえ。誰にでも言える一般論のような気もするのだが……
では、質問を変えよう。"現場の運用に支障がある"と認識しているわけなんだが、その「現状」というのは、ちゃんと整理できているの？

現状の整理……いえ、まだです

それからさ、「支障」と言っているわけだから、高い金をベンダーに支払って、システムを開発してもらって、その支障をクリアできるような理想的な状態へと会社を持っていく必要があるんだけど、そういった"理想"の検討はしっかりできているのか？

理想の検討……いえ、まだです

現状は不明です。理想も決めていません。だったら、ベンダーもどんなシステムを開発すべきか全然わかりようがないじゃないか
現状と理想にギャップがあるから、そのギャップを埋めることが目的だろう？　その目的を実現するための手段として、情報システムを刷新するんだろう？

え、ええ……仰せのとおりです

君に任せて、本当に大丈夫かね？
"最初にシステムありき"で考えようとするから、いまさっき、私がしたような単純な質問にも即答できないんだよ。ちょっと時間をあげるから、自分が即答できなかった内容を、もう少し自分の頭でよく考えてみなさい

了解しました。ありがとうございます

　読者は、A社長の鋭い質問に即答することができるでしょうか？　普段からしっかりと考えていないと、いざ質問されたときに口からスラスラとは出てこないものです。
　そもそも、莫大な資金と労力を費やして、ベンダーに外注してまでシステムを開発しようとするわけですから、A社長の質問に対する答えは"口

からスラスラ出てくる"程度には、発注担当者たる読者の頭の中で明確になっていないとおかしいでしょう。

　心配になってしまった方は、第1章「システム外注の基本的な考え方を知る」を復習してみてください。

## 【事例2】 知ったかぶりは身を滅ぼす

　ITの基礎知識を勉強不足だと、ベンダーが話す内容を理解できないし、ベンダーに対して的確な返答もできません。

登場人物：
【B課長】　システム外注を担当する「総務部 情報システム課」責任者
【ベンダーC氏】　外注先ベンダーでシステム開発チームを率いるPM

先日に送付した「要件定義書」には、すでに目をとおしていただけましたでしょうか？　異議が特にないようでしたら、これにて"要件"を確定して、実際のシステム開発作業を推進していきたいと思います

（実は一読もしていないが、条件反射で）
ああ、軽くは流し読みしたよ

（「ちっ、流し読みかよ。人が苦心してつくった資料を軽く扱いやがって」と内心思いつつ……）
了解しました。念のために申しておきますが、要件定義で確定した要件をあとから覆すのは、非常に困難です
手戻りが大きく、工程遅延などのリスクが生じます。我々としても、可能な限り、御社から事前にヒアリングした要件のヌケモレがないように配慮しましたが……。本レビューが、要件を修正するラストチャンスになります

（「なんだ、説教臭いヤツだなあ。まあ、こういうのはベンダーに丸投げしておけば、俺は何も考えなくても OK だろう。IT は苦手でサッパリわからないから、どうせ、俺なんかがチェックしても無駄だろうし……」と内心思いながら）
**はい、この"要件定義"で大丈夫です**

（「本当に大丈夫なのかなあ？？ 深く考えて発言しているように見えないんだけど。あとからいろいろと面倒臭いことを言ってきそうだなあ」と内心思いつつ……）
**個人的な懸念を申しますと、非機能要件になりますが、ハードウェアの性能を考えますとシステムのスループットに限界があります。このままだと、多数のユーザーがアクセスした場合に、レスポンスタイムが非常に長くなる可能性があります。これは、このままでもよいでしょうか？**

（「非機能要件？ スループット？ レスポンスタイム？ こいつは一体、何を言っているんだろう？ まあ、いいや。よくわからないや。ベンダーに任せておけば、あとはなんとかなるだろう」と内心思いながら……）
**とにかく、大丈夫です。そのまま進めてください！**

（「今後、会社規模が拡大して社員数が増えたときに、システムが耐えられなくなる恐れがあるけれど、ここまで『大丈夫！』と念押しされたからには、あとは発注者の責任だよな。まさに"あとは野となれ山となれ"だ。あとで何か言ってきても、追加見積りの扱いにしてやる」と内心思いつつ……）
**……了解しました。では、「要件定義書」の承認を正式にいただきましたので、この要件定義の内容にて、今後のシステム開発を進めていきます**

B課長は、深く考えずに要件定義書にGOサインを出してしまいました。このままだと、システムのユーザー数が増加した場合に、システムの障害が起こる可能性が高いでしょう。

ですが、発注者の承認済みの「要件定義書」を盾にして、ベンダー側はシステム改修には素直に応じないと思われます（仮に応じたとしても、「システムの抜本的なつくり直しが必要だ」と主張して、追加見積りの扱いとなる可能性があります。もちろん、"目の玉が飛び出る"ような見積額となることでしょう）。

不安になった方は、第2章「最低限の共通言語を身につける」を復習しておきましょう。

## 【事例3】 そのベンダーに外注して本当に大丈夫？

深い考えもなしに、安直な理由でベンダーを選定すると、将来に渡って禍根を残します。

> 登場人物：
> 【B課長】 システム外注を担当する「総務部 情報システム課」責任者
> 【D部長】 システム外注を担当する総務部の部長、B課長の上司

我が社のRFPに応札したベンダー各社から、提案をプレゼンしてもらったな？
あとは外注先を決定するだけだ
システム外注先の候補となるベンダーの選定は、順調に進んでいるか？

はい、順調です！ XXX社を外注先とする方向で動いています

ほう。XXX社を選ぶ理由はなぜ？

理由は、XXX社が提示した見積額がダントツで最安値だったからです

確かに、システム開発コストを抑えるのは大事だ。しかし、「安物買いの銭失い」という諺もあるのでは？

「安い＝悪い」という図式が、常に成立するわけでもないと思いますが……

では聞くが、XXX社が出してきた見積りの詳細は精査したのかな？

見積りの詳細……？？　そういえば、詳細はどうなっていたかなあ……

詳細を思い出せないのも無理はない。XXX社の見積書には「システム開発費用　一式」としか書いていなかった。つまり、詳細は一切書いていない！

詳細は不明であったとしても、とにかく、安いに越したことはないじゃないですか？
システムなんて、安上がりに開発したいですし

君はそもそも、"格安の理由"を考えたことがないのかな？　格安という結果には、常に原因があるのだよ。その原因が、XXX社の企業努力のような好ましいものであればよいのだが、むしろ、他社と比べて、圧倒的に安くできるのはどこか怪しいとは思わなかったか？？

（不意を突かれてしまい、思わず狼狽する……）
う、うう、それは……

君は、XXX社の財務諸表は見たことがあるか？

（ITは苦手だが、会計はもっと苦手だ……）
い、いえ、見たことはありません……

XXX社は大型プロジェクトの失敗が続き、会社の資金繰りが悪化している。ここ数年は社員数の減少が著しい。つまり、優秀なエンジニアが大量退職しているのだよ。経営の延命措置のためには、なんとしても、キャッシュが喉から手が出るほどほしいだろうな

まさか、そこまで経営状況が悪いのですか……

おそらく、XXX社の見積額だと利益が出ないか、下手をすれば赤字となるくらいだろう。XXX社だけが他社よりも圧倒的に低い原価だとは考えにくいからな。もう、なりふりかまっていられないんだろう
おそらく、見積りの詳細を明かさない理由も、ドンブリ勘定で決めたから、値づけの正当な根拠が一切ないんだろう。あるいは、マトモな見積りができる人材すらもういないのかもしれない。最悪、我が社のシステムを開発している途中で倒産しても、不思議ではない……

システム開発中に倒産してしまえば……

我々が支払った金がすべて無駄になる恐れがある。我が社の命運を揺るがしかねない最悪の事態だ。君は、そんな恐ろしい博打を打つ一歩手前だったのだよ

（完全に降参した様子で……）
誠に申しわけありません。返す言葉もありません

君に任せて、本当に大丈夫かね？？ "見積額ありき"で考えようとするから、いまさっき、私が話したような重大な事実にも気づけないのだよ。金額だけでなく、もっと幅広い観点から、各ベンダーを吟味するようにしなさい

了解しました。ご助言、ありがとうございます

　システム外注の候補先となるベンダーの身元調査（デューデリジェンス）は、非常に重要です。人間の男女のお見合いにおいても、お見合い相手の身元調査は徹底的に行うでしょう（場合によっては、私立探偵を雇うことさえあります）。
　「提示してきた見積額が最安値である」というのは、あくまでも"表層的"な情報です。その表層的な情報の背後（裏）には、「一体、何が潜んでいるのか？」ということを、自分なりによく考える習慣を身につけましょう。
　ベンダーの本質を見抜くのは困難です。いちおう「IT玄人」の部類に入るはずの筆者にとってさえ困難です。
　しかし、確かに困難なのですが、困難に打ち勝つ第一歩は「自分なりに考えて、自分なりに行動する」ことです。
　第3章「外注先のベンダーはこうして選ぶ」を復習しておいてください。

## 【事例4】　互いの顔が見えない「二人羽織」

　システム外注は、発注者とベンダーの二人三脚の作業ですが、利害も立場も異なる他人同士です。互いが互いの思いどおりに動かない「二人羽織」状態となってしまい、互いに対してストレスを溜め込みがちです。

登場人物：
【B課長】　システム外注を担当する「総務部 情報システム課」責任者
【ベンダーC氏】　外注先ベンダーでシステム開発チームを率いるPM
【D部長】　システム外注を担当する総務部の部長。B課長の上司

（渋りきった表情で……）
本来予定していた納期が刻一刻と迫りつつあるのに、システム開発の進捗が思わしくない。実装を完了していない箇所が多数残っている。なぜ、遅延をここまで放置してきたのだね？

お言葉ですが、遅延を放置したわけではありません。実装が完了していない機能に関しては、要件定義書の承認をいただいたあとに、B課長から追加リクエストをいろいろといただきましたので、それらに対応しておりました

（驚いた表情で……）
え？　追加リクエスト？　B課長、それは本当か？

「追加リクエスト」というのは表現が違います。Cさんのチームが私の思いどおりに動かなかったから、追加で指摘しただけです

（内心キレつつ……）
なんだか、我が社がB課長のご意向に逆らったかのようなご発言ですが、そのような事実は一切ございません。要件定義書もご承認いただきましたし、その後もB課長の仰せのとおりに動いてきました。我が社が反抗したという事実はありません

B課長、そもそも、「私の思いどおりに動かなかった」と述べているが、その「私の思い」をCさんに対して確実に伝達したのかね？

ええ、伝わっていたと思いますよ

では聞くが、どういう手段で伝えた？　そして、「私の思いがCさんに確実に伝わっていた」と判断しうる根拠は何か？

伝達手段は口頭のみです。文書をつくるのは手間だし、時間がかかります。口頭ならば、さっさと説明できますからね。たとえば、システム操作画面の見栄えがあまりに悪かったから、全面的につくり直しをお願いしました。「見た目がゴチャゴチャしすぎだから、もっとスタイリッシュな画面にしてね」と言いましたよ？ 人間の美的感覚なんて全人類共通でしょう？「スタイリッシュ」のひと言で通用するはずですよ。あとは、ベンダーさんにすべてお任せです

（呆れた表情で……）
というわけで、システム操作画面が合計120画面あるのですが、すべてをつくり直している最中です！ 現在15画面くらいはつくり直しました。もっとも、要件定義の時点では、画面の見栄えに関してB課長から特にご要望はありませんでしたが！

（ムッとした表情で……）
要件定義書のドキュメントだけじゃわからないよ！ システムの実物を目の前にすると気が変わることだって大いにありうることだろう？？

（疲れ果てた表情で……）
では、ご要望に応じてつくり直した画面がありますが、こちらのほうで少しはマシになったでしょうか？

（ベンダーがつくり直した画面を確認しながら、"どや顔"で……）
うーん、パッと見た感じ、以前の画面よりもさらにひどくなったな。もう1回、やり直し！！

（堪忍袋の緒が切れて……）
おい、そこまで言うのならば、ベンダーよりも君のほうが理想的な画面を開発できるだろう！

> なにしろ、君の理想像なのだからな。君１人で全画面をさっさとつくり直せ！！　納期までにだ！！

　上記の会話例を見ると、B課長の「丸投げマインド」が丸出しなのがよくわかります。この有様では、ベンダーC氏やD部長が"ブチ切れる"のも無理はないでしょう。
　上記の会話例はかなり誇張しているように見えるかもしれませんが、システム外注の実際の現場も似たり寄ったりです。ベンダーC氏にとっては、「丸投げ」に素直に応じた挙げ句の果てに、責任まで転嫁されてしまっては、発注者に愛想を尽かすというものでしょう（実は、ベンダーの「プロジェクト管理義務」という観点に鑑みるに、ベンダーC氏にも問題があります。ベンダーの「プロジェクト管理義務」の詳細は第６章を参照してください）。
　第４章「発注者とベンダーのすれ違いを防ぐ」を復習してください。

## 【事例5】「丸投げ」のキャッチボール

　発注者が「仕事」をベンダーに"丸投げ"したら、ベンダーに主導権のボールが渡ってしまいます。その結果として、ベンダーが「責任」を発注者に"丸投げ"し返してきます。

> 登場人物：
> 【B課長】　システム外注を担当する「総務部 情報システム課」責任者
> 【D部長】　システム外注を担当する総務部の部長。B課長の上司

> ベンダーに外注したシステム開発は、順調に進んでいるか？

> はい、順調です

念のために聞くが、何をもって"順調"だと判断している？

 ベンダーのCさんに進捗状況を確認しましたが、「特に問題なし」との返答です。ベンダーがそう言っているのだから、問題なしでしょう

 その割には、進捗管理表を見ると、作業開始がペンディング（先延ばし）になっている項目が散見されるようだが。本当に問題がないと断言できるのか？

 確かにありますね。しかし、ベンダーが「大丈夫」と報告してきているからには、大丈夫でしょう

 ひょっとして、遅延の原因をベンダーからヒアリングしていないのか？　原因究明は重要だぞ

 いえ、プロジェクト管理はベンダーのPMの責任でしょう。仮に遅延が生じたとしても、ベンダーがなんとかすべきです

 ということは、君自身には遅延に関する責任は一切ないと言いたいわけだな？

 我が社がベンダーに高い金を支払っているわけだし、ITの知識がチンプンカンプンな私が話を聞いても、よくわからないし、何もできませんよ

 実は、個人的にCさんと話をしたのだが、我が社から提供すべきドキュメントをベンダーに送付するのが遅れているそうじゃないか

たとえば、新システムの帳票出力機能を開発するためには、我が社が利用中の帳票一式を参考資料としてベンダーに渡す必要があるわけだが、Cさんによれば「まだ受領していない」そうだぞ！

（痛いポイントを指摘された……と渋い顔で）
すみません……帳票の整理に時間を要していて、まだできておりません

そもそも、遅延の原因はベンダーだけにあるとは限らない。今回は明らかに我が社のほうに非があるだろう。ひょっとして、Cさんが「大丈夫」と言っているのは、ベンダーの責任範囲内の仕事の進捗に関しては「大丈夫」というニュアンスではないか？　つまり、帳票一式の提供を遅らせたのは我が社の勝手な都合だから、ベンダーの責任ではない。よって、工程完了が遅れても発注者の責任だから、"ベンダーの責任は果たしている" という意味で「大丈夫」であるということじゃないか？

すみません……「大丈夫」だと言うもんだから、ついつい安心しきってしまっていて……

それから、開発途中のシステムやドキュメントなどの成果物は、しっかりとチェックしているか？　まさか、手放しということはないだろうな。あとから大きな問題が発覚したら、取り返しがつかないことになるぞ？
……新システムの帳票出力機能が無事に開発できるか、不安だなあ。納期まで時間の余裕が少なくなっているじゃないか。手戻りが許されなくなってきているぞ

（ギクッとした表情で）
すみません……これからはちゃんとチェックするようにします

君に任せて、本当に大丈夫だったのかなあ……"丸投げありき"で考えようとするから、いまさっき私が話したような重大な懸念事項に先手必勝で対応できないのだよ。システム外注はベンダーだけでなく、発注者も全力で動く必要があるんだ。自分の責務やなすべき仕事を、もう一度、よく考えなさい

了解しました。ありがとうございます

　ベンダーの「問題なし」あるいは「大丈夫」という返答は、さまざまなニュアンスを暗示していると考えられます。

　たとえば、(発注者にとって「問題なし」とは限らないが)ベンダーにとっては「問題なし」と判断しているのかもしれません。あるいは、「藪蛇」となるのを避けるために、「大丈夫」と条件反射で返答しているだけかもしれません。

　ベンダーで生じたトラブルは、必ずしもベンダー1社のみの責任ではなく、ほとんどの場合、発注者もトラブルの引き金を引いています。つまり、システム開発は発注者とベンダーの「連帯責任」なのです。

　ベンダーに責任を果たさせるためには、まずは、発注者が責任を果たすことが必須の前提となります。

　第5章「発注者が主体的に行うべき仕事を押さえる」を復習してください。

## 【事例6】　契約書に書いたもん勝ち

　契約書に明記していないことは証拠として残らないため、契約していないも同然です。また、契約書に明記していることを見逃した場合は、それが証拠として残ってしまいます。

　契約書の不備による不利益は、主に発注者が被ることになります。

登場人物：
【B課長】　システム外注を担当する「総務部 情報システム課」責任者
【D部長】　システム外注を担当する総務部の部長。B課長の上司

おい、ベンダーが著作権を主張して、「我が社がベンダーに外注したシステムの改造を一切許さない」と言ってきているそうじゃないか。一体、どうなっている？

ええ、確かに、そう主張しています

当初、ベンダーと締結した契約書には「著作権すべてをベンダーから我が社に譲渡する」と明記したはずだろう？　にもかかわらず、なんで、こんなことをいまさら言ってくるんだ？

著作権は譲渡したが、そもそも、著作者人格権は譲渡しようがない。だから、同一性保持権があると主張しています

加えて、システム検収後にバグが発見されたが、「バグ修正は無償ではなくて有償になる」と主張してきている。確か、原則的に瑕疵担保責任の期間は1年間のはずだぞ。検収日から10ヶ月しか経過していないから、ベンダーはバグ修正を無償で行う義務があるはずだぞ

ベンダーから聞いた話では、瑕疵担保責任の期間は民法の任意規定であるから、契約書の取り決めが優先されるそうです。確かに、契約書の規定には「瑕疵担保責任の期間は検収日から6ヶ月以内とする」と書いてありました。よって、「瑕疵担保責任の期間を過ぎたので有償対応となる」と主張しています

さっきから発言を聞いていると、いかにも他人事のように聞こえるが、そもそも、君が契約書の内容を隅々までチェックしていないから、ベンダーがつけ入る隙をいろいろと与えてしまったのではないか

（ギクッとした表情で）
すみません……法律の話は難解すぎて……

君に任せたのは私の任命責任だ。「法律が難しすぎてわからない」というのはなんの言い訳にもならない。「法律を知らなかったから、法律違反をしてしまいました」という言い訳は、法治国家の日本では通用しないだろう？
ビジネスは契約に基づく。契約は法律に基づくつまり、ビジネスの土台は法律なのだよ。その土台をないがしろにして仕事を進めたのは、君の自己責任だ。君に対しては、我が社が被った損害の賠償を請求したいくらいだよ

大変申し訳ありません。返す言葉もありません

本当に反省しているのであれば、同じ過ちを二度と繰り返さないと同時に、今後の仕事で損害額をカバーできるくらいの成果を挙げなさい！

　契約のために必須の前提知識となる法律の話は、難解であるため、ほとんどの発注者は深く踏み込むのを躊躇しがちです。もちろん、筆者も含めて法律の専門家ではないので、厳格なリーガルチェック（法的な確認）は弁護士に依頼するにしても、法律の基礎的な知識くらいはあらかじめ押さえておくべきでしょう。
　システム外注の場合は、過去の失敗事例や民事訴訟の判例などから、法的な落とし穴となるポイントが絞られつつあります。第6章「ベンダー

と結ぶ契約で注意すべき法律上のポイント」を、もう一度復習しておきましょう。

## 【事例7】 リーダーのやる気だけが空回り

　新システム導入の責任者であるリーダーと、目先の仕事に忙殺されている現場社員との間の温度差は大きいものです。リーダーがどんなに息巻いても、現場社員は「冷めた目」で静観するのみです。

> 登場人物：
> 【B課長】　システム外注を担当する「総務部 情報システム課」責任者
> 【E主任】　新システムを実際に運用する製造部の主任。
> 　　　　　現場社員のリーダー的存在

社長からすでに聞いているとは思うけど、我が社では在庫管理を効率化するためのシステムを、新規に導入することが決定した。本プロジェクトは社内における最優先事項だ
ついては、E主任を含めて、製造部のメンバーにはシステム開発にいろいろと協力してほしい！

システムを導入することはわかりました。ただ、「いろいろと協力しろ」とは言いますが、繁忙期が続いているため、現場にいるメンバーの空き時間はほとんどありませんよ。具体的に、どういう協力をすればいいんですか？

とにかく、いろいろだ！

(「質問に対する答えになっていない」と感じつつも……)
そもそも今回のシステム刷新は、製造部にとって、どういうメリットがあるんですか？ 製造現場はただでさえ多忙を極めているのだから、正直なところ、これ以上に余計な仕事が増えるのは断固反対します。現時点でさえ、残業や休日出勤が頻発しているのだから、これ以上、労働環境が悪化すると退職者が出てくるかもしれません

 システム刷新は、社長をはじめとするトップダウンで決まった優先事項だ。我々のような末端社員は、黙って指示に従っていればいい
今回のプロジェクトは俺が責任者だから、失敗すると痛い目に遭う。だから、なんとしても成功させなければならないんだ

(お偉方が勝手に決めた方針にイチイチ振り回されるのはウンザリだと思いつつ……)
そうですか、わかりました。我々は"天からの声"には逆らえないんですね。システム刷新をしたところで、製造部の我々にとってどういう影響があるのか全然わかりません。ですが、とにかく、我々には発言権はないんでしょう？
では、何かあったら声をかけてください。手が空けば対応するようにします

 そうだ。社内の人間同士が協力するのはごく当たり前だろう？ とにかく、システム開発が完了してしまえば、あとは、君たちがシステムの運用をすることになるのだからな。しょうもないシステムができ上がってしまったら、システムのお守りをする君たち製造部が泣くしかない。そうなったら、俺は知らん。そのつもりで、よろしく頼む

（あんたのような"しょうもない"課長に「しょうもない」と言われるシステムのほうこそ可哀想だと思いつつ……）
了解しました。泣かない程度に頑張りますよ……

　上記の会話例では、B課長もE主任も「投げやり」な態度が見え見えです。新システムを社内で導入しようとする場合に陥りがちな罠として、「お偉方（経営層）が勝手に話を進めて、現場は蚊帳の外だから"何を言っても、何をやっても無駄"である」という疎外感を現場社員が感じやすい、というものがあります。
　現場社員を巻き込むためには、現場社員を「蚊帳（システム開発チームの一員）の内」に入れる必要があります。
　第7章「プロジェクトに全社員を巻き込み味方にするコツ」を復習してください。

## 【事例8】 秘密にされるほど漏らしたくなる

　システム外注では、機密情報を扱う主体が発注者のみならずベンダー（と再委託先）も含むことになるため、情報漏洩リスクが高いです。万一、情報漏洩事件が生じた場合、他社も絡むがゆえに対処が困難です。

登場人物：
【B課長】　システム外注を担当する「総務部 情報システム課」責任者
【D部長】　システム外注を担当する総務部の部長。B課長の上司

おい、我が社の顧客の個人情報が、外注先から漏洩した、という速報が入ってきたぞ！　状況はどうなっているんだ？

我が社の顧客 12,000 人分の情報が、名簿業者に売り飛ばされてしまいました。顧客の氏名、住所、電話番号、メールアドレス、商品の購入履歴などの個人情報が漏洩しました。幸い、クレジットカード情報は含まれていません

一体、なんで 12,000 人分もの顧客データが漏洩してしまうんだ？ 外注先の機密情報の取り扱いは一体どうなっている？

今回のシステム外注において、外注先のベンダーは"再委託先"の会社を使っていました。その"再委託先"のエンジニアが、顧客データを不法に持ち出して名簿業者に売り渡したようです

では、再委託先のエンジニアがそんな重要なデータを簡単に持ち出すことができたのはなぜだ？

外注したシステムが内部的に使用している「顧客情報」データベースを開発し、実環境に則した形でテストするためには、どうしても、実際の顧客データを使わざるを得ません

情報漏洩を防ぐために"情報セキュリティ対策"を行うのが常識だが、具体的な対策は何かしていたのか？

我が社の社内に関しては「機密情報の取り扱いに注意して、情報漏洩を防ごう！」という注意喚起を朝礼で定期的に行っています。また、外注先のベンダーとは、秘密保持契約（NDA）を締結済みです

「情報漏洩を防ごう！」のかけ声は立派だが、実際には、大量の情報が漏洩しているではないか

そもそも、今回は、直接の漏洩元が我が社でもベンダーでもなくて、ベンダーの再委託先だ。再委託先に関しては野放しだったのか？

残念ながら、ベンダーの再委託先にまでは気が回りませんでした……

仮に、ベンダーや再委託先の社員の中に、情報漏洩を企てるような悪人がいたとしても、データの不正持ち出しを防ぐような仕組みが何か導入されていれば、今回のような悲惨な事件を防げたと思うのだが……

情報セキュリティ対策を本格的に行おうとすると、資金も労力も必要です。なかなかひと筋縄にはいかないと思うのですが

過去の事例に鑑みるに、個人情報漏洩事件を起こした場合の損害賠償額の相場は、額を低く見積もったとしても"1件あたり500円"は要するだろう。つまり、我が社の漏洩事件に当てはめると、"500円×12,000人＝600万円"だ
しかも、我が社が被る損害はこの600万円に留まらない。今回の事件で我が社の評判は地に落ちた。新規顧客の獲得は困難になるし、既存顧客も我が社との取引を止める恐れがあるだろう。なにしろ、情報セキュリティ体制に不備がある企業と取引してしまうと、自社の秘密情報を漏洩されるリスクが常につきまとうことになるからな。今後の損害や悪影響は予想すらできない。正直、我が社の存亡を揺るがしかねない深刻な事態だ

ええ、そんな！　住宅ローンも残っているのに、リストラされるかもしれないんですか？

私も含めて、その恐れは大いにあるぞ。「注意一秒、怪我一生」とは言うが、こんな深刻な事件が発生する前に、我々としても打つべき対策があったんじゃないだろうか……
将来起こりうる情報漏洩事件を想定してリスクマネジメントを行っていれば、こんなことには……

　個人情報保護法や不正アクセス禁止法などの法制度が後押しとなって、情報セキュリティ対策の重要性を理解する人は多くなっています。しかし、「頭ではわかっていても、実際には行動しがたい」のが情報セキュリティ対策です。
　正直なところ、「それなりの資金や労力をかけてまで、具体的には対策できていない」というのがほとんどの企業の本音ではないでしょうか？
　情報セキュリティ対策の難点は「コストパフォーマンス」のわかりづらさです。コストをかけて得られるパフォーマンスが不明であるために、情報セキュリティ対策の予算がとれないという悪循環があります。
　しかし、情報セキュリティ対策は「リスクマネジメント」です。情報漏洩事件によって生じる可能性がある損害の最悪値（直接的な損害賠償額以外に、信用失墜などの間接的な損害も含む）を事前に見積りましょう。そうすれば、その最悪値を防止できる対策にかけられる予算や労力が、どれくらいかを検討することができます。
　第8章「情報漏洩を阻止するためのセキュリティ対策」を再度復習してください。


　以上です。
　本書を参考にして、読者のみなさんがシステム外注の業務を、立派に務められるよう祈っております。
（終）

〈著者略歴〉

# 坂東 大輔 (ばんどう だいすけ)

坂東技術士事務所 代表
技術士（情報工学部門）、通訳案内士（英語）、中小企業診断士、情報処理安全確保支援士、APEC エンジニア、IPEA 国際エンジニア

## プロフィール
1978 年生まれ。徳島県（阿南市）生まれの神戸市育ち
2002 年 3 月　神戸大学 経営学部 卒業、学士（経営学）取得
2002 年 4 月～2014 年 2 月　株式会社日立ソリューションズ（旧：日立ソフトウェアエンジニアリング株式会社）に勤務
2010 年 3 月　信州大学大学院 工学系研究科 修士課程 情報工学専攻 修了、修士（工学）取得
2014 年 4 月～2015 年 3 月　名古屋の IT ベンチャーにて 取締役 CTO（Chief Technology Officer）に就任
2015 年 4 月　坂東技術士事務所（個人事業主）独立開業、現在に至る

「技術士 = 技術（Engineering）+ 士（SAMURAI）」ということで、"Engineering SAMURAI" と名乗りを上げている。社会人大学院で情報工学の修士号を取得し、IT ベンチャーで会社役員（取締役 CTO）の経験もあり、アカデミックとビジネスの双方に通じる。海外向け業務のキャリアを積んできており、ベトナム人との「オフショア開発」におけるブリッジ SE の経験が本書のベースとなっている。

## 専門分野
UX（User Experience）／ローカライズ（技術翻訳）／オフショア開発（ブリッジ SE）／情報セキュリティ／クラウドサービス／技術経営（MOT）／人工知能（AI）／IoT（Internet of Things）／組込システム

## 著書
『UX（ユーザー・エクスペリエンス）虎の巻』（日刊工業新聞社）

## 資格
技術士（情報工学部門）、中小企業診断士、情報処理安全確保支援士、APEC エンジニア、IPEA 国際エンジニア、テクニカルエンジニア（ネットワーク／データベース／情報セキュリティ）、実用英検 1 級、通訳案内士（英語）、TOEIC875 点など計 22 種類の資格を保持

## 連絡先
E-mail　　　daisuke@bando-ipeo.com
ホームページ　http://www.bando-ipeo.com/
Facebook　　https://www.facebook.com/daisuke.bando.33
Linked-in　　https://jp.linkedin.com/in/bandodaisuke

◎免責事項のお知らせ
●本書の内容には細心の注意を払っておりますが、記載情報の誤りや誤字など事由の如何を問わず、本書の内容を参考にして実際の業務を行い、それによって生じた損害については、筆者や出版元、その他関係者は一切の責任を負いませんので、その点はあらかじめご了承ください。なお、出版後に判明した誤字脱字等については、出版元ウェブサイトの「訂正情報」コーナーで随時公表しています。
●特に法的な記述に関しては、本書執筆時点での最新情報を参考にして作成していますが、法律は常に変わっていくため、本書の記述内容に全面的に依拠して判断を下すことはお控えください（必要に応じて、弁護士等の法律の専門家にご相談いただくことをお勧めします）。契約を含む法的行為は、ご自身の責任で行われるようお願いいたします。

P17 写真 …… リュウタ / PIXTA（ピクスタ）
P13 イラスト（工事用フェンス）…… Oakozhan / PIXTA（ピクスタ）
P81 イラスト（炎）…… designed by Freepik

# 2時間でざっくりつかむ！
# 中小企業の「システム外注」はじめに読む本

2018年11月27日　　第1刷発行

著　　者―――坂東 大輔
発 行 者―――徳留 慶太郎
発 行 所―――株式会社すばる舎

　　　　　　〒170-0013　東京都豊島区東池袋3-9-7　東池袋織本ビル
　　　　　　TEL 03-3981-8651（代表）　03-3981-0767（営業部直通）
　　　　　　振替 00140-7-116563
　　　　　　URL http://www.subarusya.jp/

企画協力―――須賀 柾晶（イー・プランニング）
装　　丁―――菊池 祐（ライラック）
イラスト―――大野 文彰（大野デザイン事務所）
印　　刷―――図書印刷株式会社

落丁・乱丁本はお取り替えいたします。
©BANDO Daisuke 2018 Printed in Japan
ISBN978-4-7991-0748-5

●すばる舎の本●

## 自社に合った制度なら
## 人手不足・人材不足もスムーズに解消できる!

### 2時間でざっくりつかむ!
### 中小企業の「人事・賃金制度」はじめに読む本

堀之内克彦 [著]

◎A5判並製　◎定価:本体1650円(+税)　◎ISBN:978-4-7991-0582-5

2時間程度で、これまでの日本における人事・賃金制度の流れがざっくりとつかめると同時に、今後の人事・賃金制度改革の勘どころがわかるようになる1冊です。

http://www.subarusya.jp/